Christina Müller | Niclas Hellwig

Bewegtes Lernen im Fach Musik

Klassen 5 bis 10/12

Didaktisch-methodische Anregungen

2., vollständig überarbeitete und erweiterte Auflage

Onlineversion
Nomos eLibrary

Die Deutsche Nationalbibliothek verzeichnet diese Publikation in der Deutschen Nationalbibliografie; detaillierte bibliografische Daten sind im Internet über http://dnb.d-nb.de abrufbar.

ISBN 978-3-89665-952-1 (Print)
ISBN 978-3-89665-953-8 (ePDF)

2. Auflage 2020
© Academia – ein Verlag in der Nomos Verlagsgesellschaft mbH & Co. KG, Baden-Baden 2020. Gesamtverantwortung für Druck und Herstellung bei der Nomos Verlagsgesellschaft mbH & Co. KG. Alle Rechte, auch die des Nachdrucks von Auszügen, der fotomechanischen Wiedergabe und der Übersetzung, vorbehalten. Gedruckt auf alterungsbeständigem Papier.

Besuchen Sie uns im Internet
www.academia-verlag.de

Inhaltsverzeichnis Musik Klassenstufen 5 bis 10 bzw. 12 (Gymn.)

1 Musik machen

Singen
1.1 Lockerung (5-10/12)
1.2 Atmung (5-10/12)
1.3 Ich zähl dich ruhig (5-10/12)
1.4 Lieder singen und gestalten (5-6)
1.5 Lieder über die Natur (5-10)
1.6 Mango Mango Loop (5-10)
1.7 Kanon in Bewegung (5-8)
1.8 Wollknäuel (5-10)
1.9 Walk My Song (5-7)
1.10 Singhaltungen (5-10/12)

Musizieren
1.11 Pezziball Orchester (5-7)
1.12 Body Percussion (5-10/12)
1.13 Trommler-Trio (6-10/12)
1.14 Ein neuer Sound (6-10/12)
1.15 L. van BEAT-HOVEN (6-10/12)
1.16 Flaschenpusten (5-10)
1.17 Das Zimmer macht … (5-10/12)

Erfinden
1.18 Tumm-Tumm-Tschack (5-10)
1.19 Cup Song (5-10/12)
1.20 Rap dir deinen Text (7-10/12)
1.21 Like John Cage (10-12)
1.22 Sample-Story (10-12)

2 Musik hören

Wahrnehmen und Erleben
2.1 Muntermacher (5-10)
2.2 Rhythmusspiele (5-10)
2.3 Stressabbau (5-6)
2.4 Meine Entspannungsmusik (5-10/12)

Unterscheiden
2.5 Beat-Ball (5-9)
2.6 Hören und Erkennen (5-6)
2.7 Das klingende Zimmer (5-6)
2.8 Was ist in der Dose? (5-8)
2.9 Mister X (5-10)
2.10 Wo ist die Klangquelle? (5-8)
2.11 U-Boot und Riff (5-10)
2.12 Geräuschlawine (5-6)
2.13 Moldaupuzzle (6-10)

Verstehen
2.14 Stufendynamik (7-8)
2.15 Rondo (5-6)
2.16 Treppenmelodie (5-6)
2.17 In den Notenzeilen (5-6)

Deuten
2.18 Intervall-Parade (8-10/12)
2.19 Zahlenlauf (6-10/12)

3 Musik umsetzen

Gestik, Bewegung und Tanz
3.1 Welcher Musiker? (5-8)
3.2 Einfrieren und Auftauen (5-10)
3.3 Die Jahresuhr (5-7)
3.4 Erkenne die Musik … (5-8)
3.5 Rhythmusdirigenten (6-10)
3.6 Headphone Party (7-10/12)
3.7 Ab in die Disco! (7-10/12
3.8 Discofox (7-10/12)
3.9 Line Dance (5-10)
3.10 So tanzt man in … (5-8)
3.11 Choreografie-Baukasten (8-10/12)

Szenische Darstellung
3.12 Playback Show (5-6)
3.13 Gestalten einer Szene (5-10/12)

Bildliche Darstellung
3.14 Malen zu Musik (5-10/12)
3.15 Instrumenten-Baukasten (7-10/12)
3.16 Was das Ding so alles kann (5-10/12)
3.17 Deutschlandkarte (8-10/12)

4	Musik reflektieren		Musik in Geschichte und
	Musiktheorie		*Gegenwart*
4.1	Instrumentengruppen (5-6)	4.5	Richtig oder falsch? (5-10/12)
4.2	Notensuche (5-7)	4.6	Ich merke mir ... (5-10/12)
4.3	Melodie-Baukasten (6-9)	4.7	Musik erleben (5-10/12)
4.4	Zerstreute Tonarten (8-10/12)		

Unser Dank gilt folgenden Wissenschaftlern und Lehrkräften, die mit ihren Ideen und fachlichen Ratschlägen die Überarbeitung der Beispiele unterstützten:

Herrn Hans-Werner Unger   Hochschule für Musik und Theater Leipzig, Fachgebiet Schulmusik
Frau Sonja Hoffmann,   TU Dresden, Musikpädagogik
Frau Karsta Piwonka,   Humboldt-Gymnasium Radeberg (Projektschule „Bewegte Schule")
Frau Christine Schreibhardt,   Schule zur Lernförderung Großenhain (Projektschule „Bewegte Schule")
Frau Kerstin Maeder,   Schule zur Lernförderung Flöha (Projektschule „Bewegte Schule")

Layout: Karla Edelmann, Leipzig, Christina Müller, Leipzig
Zeichnungen:
Martin Veit, Leipzig (Titelseite), Niclas Hellwig, Leipzig (1.1-1.2, 1.4, 1.6-1.11, 1.13-1.19, 1.22, 2.4-2.5, 2.7-2.17, 2.19, 3.1, 3.3, 3.6-3.7, 3.9, 3.11, 3.13-3.17, 4.3)

Anmerkung:
Männliche Personenbezeichnungen (Lehrer, Schüler) gelten in diesen didaktisch-methodischen Anregungen gleichermaßen für Personen weiblichen Geschlechts.

Einleitung:

Bewegtes Lernen als Teilbereich einer bewegten Schule

Kinder und Jugendliche brauchen die Bewegung, um sich in ihrer Gesamtpersönlichkeit harmonisch entwickeln zu können. Bewegung ist das Medium, die Umwelt zu erkennen und zu gestalten (Grupe 1982, 72). Durch Bewegung nehmen die Heranwachsenden ihre Umwelt differenzierter wahr und sammeln vielfältige Erfahrungen. Bewegung unterstützt das kognitive Lernen durch eine verbesserte Konzentrationsfähigkeit, der Schaffung eines zusätzlicher Informationszugangs über den Bewegungssinn sowie die Optimierung der Informationsverarbeitung). Bewegungssituationen bieten für Schülergruppen vielfältige soziale Lernmöglichkeiten, bei denen die Wechselseitigkeit von Geben und Nehmen ausgewogen realisiert wird. Des Weiteren besteht ein Zusammenhang zwischen als befriedigend erfahrenen Bewegungshandlungen und positivem emotionalen Erleben. Bewegung kann einmal aktivieren, hat aber auch eine beruhigende und stressabbauende Wirkung. Dadurch werden Gesundheit und Wohlbefinden gefördert. Bewegung ist eine Voraussetzung für die motorische und gesunde körperliche Entwicklung. Durch Bewegungssicherheit kann die Unfallhäufigkeit gesenkt werden. Die Erprobung von Bewegungsabläufen, eine realistische Selbsteinschätzung und das Erleben eigenen Könnens, aber auch eigener Grenzen, tragen wesentlich zu einer befriedigenden Selbsterfahrung bei. (Müller, 2010, S. 20-30)

Kinder und Jugendliche haben aber zu wenig Bewegung, denn sie sind in Abhängigkeit von ihren individuellen Bedingungen von einer zunehmend von Bewegungseinschränkungen charakterisierten Welt umgeben. Als zentrale Stichworte können gelten: Einengung und Spielfeindlichkeit der Bewegungsräume, Dominanz bewegungsarmer Freizeittätigkeiten, Tendenz zur „Verhäuslichung" und damit Rückzug aus dem Bewegungsraum Natur u. a. Der Zustand dauernder Bewegungsunterdrückung wird noch verstärkt durch einen aus dem Schulalltag häufig bestimmenden typischen „Sitzunterricht". Folgen sind zunehmende gesundheitliche Schwächen und Schäden (Haltungsschwächen u. a.), Konzentrationsschwäche, Hyperaktivität, Auffälligkeiten im Arbeits- und Sozialverhalten, erhöhte Aggressivität, eingeschränkte Leistungsfähigkeit, Unfallhäufigkeiten. (Müller, 2010, S. 31-34)

Ansätze zur Problemlösung zu finden, ist eir gesamtgesellschaftliches Anliegen, in das sich unterschiedliche Ebenen einzubringen haben. Schule sollte insgesamt den Bewegungsaktivitäten der Kinder und Jugendlichen mehr Raum bieten und konsequent ein Lernen mit allen Sinnen, also auch dem Bewegungssinn, ermöglichen. Deshalb muss Schule in diesem Sinne zu einer bewegten Schule werden. Folgende Bereiche einer bewegten Schule können ausdifferenziert werden (Müller & Petzold, 2014, S. 36):

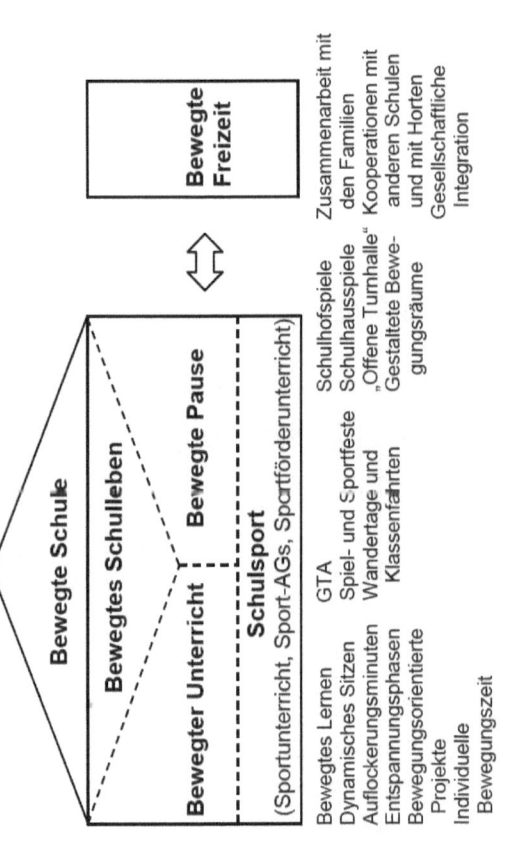

Das vorliegende didaktisch-methodische Anregungen beziehen sich auf den Teilbereich bewegtes Lernen, der in einen bewegten Unterricht eingeordnet werden kann. Verbindungen zu anderen Bereichen werden angedeutet. Die einzelnen Karteikarten können herausgetrennt und den jeweiligen Unterrichtsstunden zugeordnet werden.

Bewegung kann beim Lernen helfen

Zusätzliche Informationszugänge durch Bewegung

Als Lernkanäle werden hauptsächlich der akustische und der optische Analysator genutzt. Über den Bewegungssinn (kinästhetischer Analysator), dessen Rezeptoren über den gesamten Körper verteilt in den Muskeln, Sehnen, Bändern und Gelenken liegen, kann der Schüler zusätzlich Informationen zum Lerngegenstand erhalten. Diese Informationen erfolgen also nicht über die Umwelt, sondern über den Körper und die eigene Bewegung. (Müller, 2010, S. 54) Der Lernprozess im Fach Musik kann über folgende Möglichkeiten Unterstützung erfahren:

Die Schüler können den Zusammenhang von Musik und Bewegung erleben - sowohl die aktivierende als auch die entspannende Wirkung von Musik empfinden (s. 2.1 „Muntermacher" oder s. 2.3 „Stressabbau"). Sie können Musik über Bewegung erfahren, erkennen, begreifen (s. 2.16 „Treppenmelodie"). Musik kann durch Gestik und Körpersprache ausgedrückt werden (s. 3.3 „Die Jahresuhr"). Typisch für das Fach Musik ist die Umsetzung von Musik in Bewegung (s. 1.14 „Ein neuer Sound") sowie die tänzerische bzw. szenische Gestaltung (s. 3.8 „Discofox"). Des Weiteren sollten musikalisch-tänzerische/sportliche Darbietungen zur Musik (fachübergreifend) erarbeitet und vor anderen Klassen präsentiert werden (s. 3.9 „Line Dance"). Unterrichtsgänge ermöglichen einen Einblick in das regionale Musikleben u. a. (s. 4.7 „Musik erleben").

Alle aufgeführten Möglichkeiten geben dem Schüler zusätzliche Informationen über den Lerngegenstand und unterstützen damit den Lernprozess. Darüber hinaus fördert diese Art des Unterrichts die Motivation. Der Schüler erhält die Möglichkeit, sich in seinem Tun und Lernen voll zu entfalten. Lernprozesse, die unter Mitwirkung von Bewegung entstehen, erfolgen meist durch Zusammenarbeit mehrerer Schüler. Gruppenbilder müssen abgesprochen, Arbeitsschritte gemeinsam geplant werden. Dies fördert auch die Sozialkompetenz.

Zusätzlicher Informationszugang	Beispiele	
Aktivierende und entspannende Wirkung von Musik *empfinden und erleben*	1.1 Lockerung 1.2 Atmung 1.3 Ich zähl dich ruhig 2.1 Muntermacher	2.2 Rhythmusspiele 2.3 Stressabbau 2.4 Meine Entspannungsmusik 3.14 Malen zu Musik
über Bewegung Geräusche/Musik *wahrnehmen*	2.7 Das klingende Zimmer 2.9 Mister X 2.10 Wo ist die Klangquelle?	2.11 U-Boot und Riff 2.14 Stufendynamik 3.1 Welcher Musiker?
Musik über Bewegung *erfahren, erkennen, begreifen*	1.16 Flaschenpusten 2.16 Treppenmelodie 2.17 In den Notenzeilen 2.18 Intervallparade 2.19 Zahlenlauf	3.12 Geräuschlawine 3.15 Instrumenten-Baukasten 3.17 Deutschlandkarte 4.3 Melodie-Baukasten
Musik durch Gestik, Körpersprache *ausdrücken,* Musik in Bewegung *umsetzen*	1.4 Lieder singen und gestalten 2.12 Geräuschlawine 1.6 Mango Mango Loop 1.11 Pezziball Orchester 1.12 Body Percussion 1.13 Trommler-Trio 1.14 Ein neuer Sound	3.2 Einfrieren und Auftauen 3.3 Die Jahresuhr 1.18 Tumm-Tumm-Tschack 1.19 Cup Song 3.4 Erkenne die Musik … 3.5 Rhythmusdirigent
Musik mittels Bewegung tänzerisch bzw. szenisch *gestalten* oder *improvisieren*	2.13 Moldaupuzzle 2.15 Rondo 3.6 Haedphone Party	3.8 Discofox 3.12 Playback Show 3.13 Gestalten einer Szene
musikalisch-tänzerische/sportliche Darbietungen zur Musik *präsentieren*	3.7 Ab in die Disco! 3.9 Line Dance	3.10 So tanzt man in … 3.11 Choreografie-Baukasten
durch Unterrichtsgänge Einblick in das regionale Musikleben u. a. *gewinnen*	1.5 Lieder über die Natur	4.7 Musik erleben

Optimierung der Informationsverarbeitung durch Bewegung

Schule ist traditionell eine „Sitzschule". Lernen scheint vorrangig nur im ruhigen Sitzen möglich. Dabei wurden bereits vor mehr als 2000 Jahren die Schüler von Aristoteles in Wandelhallen unterrichtet (Seele, 2012, S. 16), Mönche promenierten bei geistigen Gesprächen durch die Klostergänge und in früheren Zeiten schrieben Dichter und Gelehrte, wie z. B. J. W. v. Goethe, an Stehpulten und schritten beim Nachdenken im Zimmer auf und ab (Breithecker u. a. 1996, S. 24). Lehrer pflegen auch heute weniger im Sitzen zu arbeiten, sondern sie gehen durch den Unterrichtsraum. Nur die Schüler sollen noch zu häufig beim „Stillsitzen" lernen. Dabei weisen Untersuchungen zu Grundgrößen der Informationsverarbeitung (bei Erwachsenen) nach, dass bereits geringe fahrradergometrische Belastungen die Gehirndurchblutung anregen und dadurch die geistige Leistungsfähigkeit, insbesondere die Kurzspeicherkapazität und die Lerngeschwindigkeit, ansteigt (Lehrl & Fischer 1994, S. 182). Überwinden wir unsere pädagogischen Gewohnheiten und ermöglichen den Schülern, Lernen mit Bewegung zu verbinden. Zur Optimierung der Informationsverarbeitung reichen bereits Bewegungen mit geringer Intensität aus. (Müller, 2010, S. 67)

Die nachfolgenden Beispiele basieren auf diesen theoretischen Positionen, z. B. das Entscheiden über Zustimmung oder Ablehnung zu musikbezogenen Fragen (s. 4.5 „Richtig oder falsch?"). Beim Zuwerfen eines Balles kann Musik erschlossen werden (s. 2.5 „Beat-Ball"). Beim Gehen durch den Raum besteht die Möglichkeit, Aufgaben zu lösen (s. 1.7 „Kanon in Bewegung"). Des Weiteren können Informationen eingeholt (s. 1.9 „Walk My Song") oder sich Fakten eingeprägt werden. Gelernt oder musiziert werden kann auch beim Wechseln der Plätze (s. 2.8 „Was ist in der Dose?"). Singen und Musizieren ist in unterschiedlichen Arbeitshaltungen möglich (s. 1.10 „Singhaltungen"). Solche und weitere Übungen können als Erweiterung traditioneller Formen des Unterrichtens eingeordnet werden. Neben der verbesserten Sauerstoffversorgung des Gehirns tragen psychische Komponenten (nicht mehr still sitzen zu müssen sowie die Motivationserhöhung durch eigene Aktivität) dazu bei, das Lernen zu erleichtern und eine Schule zu gestalten, die wirklich vom Schüler (und seinem Bewegungsbedürfnis) ausgeht.

Optimierung der Informationsverarbeitung	Beispiele	
durch Bewegung Zustimmung oder Ablehnung zu musikbezogenen Fragen signalisieren	2.6 Hören und Erkennen	4.5 Richtig oder falsch?
beim Zuwerfen eines Balles sich Musik erschließen	1.8 Wollknäuel	2.5 Beat-Ball
beim Gehen (durch den Raum) - Aufgaben lösen	1.7 Kanon in Bewegung 1.17 Das Zimmer macht Musik 1.22 Sample-Story 3.16 Was das Ding so alles kann	4.1 Instrumentengruppen 4.4 Zerstreute Tonarten
- sich Informationen u. a. einholen	1.9 Walk My Song 1.20 Rap dir deinen Text!	1.21 Like John Cage
- sich Fakten einprägen und am Platz aufschreiben	4.2 Notensuche	4.6 Ich merke mir …
Plätze wechseln und dabei musizieren bzw. sich grundlegendes musikalisches Wissen einprägen	2.3 Was ist in der Dose?	
unterschiedliche Arbeitshaltungen beim Singen und Musizieren anwenden	1.10 Singhaltungen	1.15 Ludwig v. BEAT_HOVEN

Hinweise der Autoren

Die Beispiele der Materialsammlung wurden in den Versuchsschulen des Projektes „Bewegte Schule" und durch Studenten bzw. Referendare in Sachsen basierend auf einem umfangreichen Literaturstudium entwickelt, erprobt und gemeinsam bearbeitet. Dies erschwert zum Teil den Nachweis der ursprünglichen Quellenangaben. Durch die Anbindung an das sächsische Projekt erfolgte eine Orientierung an den (neuen) Lehrplänen in Sachsen, ergänzt durch eine Analyse von Lehrplänen/Richtlinien anderer Bundesländer. Da eine Reihe von Inhalten und Themen in den einzelnen Bundesländern in unterschiedlichen Klassenstufen aufzufinden ist, wird meist eine unverbindliche Spannbreite über mehrere Klassenstufen angegeben. Beispiele der Jahrgangsstufen 11/12 könnten auch in der Klasse 13 zur Anwendung kommen. Insgesamt sind die Beispiele der Materialsammlung als Anregungen zu verstehen, die entsprechend der konkreten Bedingungen sowie der aktuellen Klassensituation ausgewählt und verändert werden müssen. Außerdem soll dazu angehalten werden, selbst neue Beispiele auszuprobieren und zu ergänzen.

Seit dem Erscheinen der 1. Auflage sind über zehn Jahre vergangen, in denen das Konzept der bewegten Schule und der Schwerpunkt des bewegten Lernens in einer Reihe von Schulen erfolgreich umgesetzt werden konnten. Die dabei gesammelten Erfahrungen bilden die Grundlage für die jetzt vorliegende Bearbeitung. Für die 2. Auflage wurden die Inhalte komplett überarbeitet und neue digitale Medien einbezogen. Es erfolgte eine Abstimmung mit den neuen Lehrplänen in Sachsen (2019) und aktuellen musikdidaktischen Erkenntnissen. Sehr großen Anteil daran sowie an der Ergänzung durch neue Beispiele bzw. Varianten und an der sehr anschaulichen Gestaltung der Konkretisierungen auf den Rückseiten hat Niclas Hellwig. Ebenso zu danken ist den (ehemaligen) Studierenden Manuel Klötzer und Katharina Keiner für die Zuarbeit von Ergänzungen.

Literatur:

Breithecker, D. et al. (1996). In die Schule kommt Bewegung. *Haltung und Bewegung* 16 (2), 5-47.

Grupe, O. (1982). *Bewegung, Spiel und Leistung im Sport*. Schorndorf: Hofmann.

Hellwig, N. (2019). *Weiterentwicklung des Bewegten Lernens im Fach Musik für die Klassenstufen 5 bis 10/12*. Wissenschaftliche Arbeit. Leipzig: Sportwissenschaftliche Fakultät.

Klötzer, M. (2016). *Weiterentwicklung des Konzeptes des Bewegten Lernens im Fach Musik mit dem Schwerpunkt des Erwerbes von Spielfertigkeiten auf Melodie- und Rhythmusinstrumenten*. Masterarbeit. Leipzig: Sportwissenschaftliche Fakultät.

Lehrl, S. & Fischer, B. (1994). *Gehirn-Jogging. Selber denken macht fit* (4. überarb. Aufl.). Ebersberg: VLESS-Verlag.

Müller, Chr. (2010). *Bewegte Grundschule* (3. neu bearb. Aufl.). St. Augustin: Academia.

Müller, Chr. & Mende, J. (2009). *Bewegtes Lernen im Fach Musik. Klassen 1 bis 4*. St. Augustin: Academia.

Müller, Chr. & Petzold, R. (2014). *Bewegte Schule* (2. neu bearb. und erweit. Aufl.). St. Augustin: Academia.

Müller, Chr. & Dinter, A. (2020). *Bewegte Schule für alle* (2. neu bearb. und erweit. Aufl.). St. Augustin: Academia

Seele, K. (2012). Beim Denken gehen, beim Gehen denken. Die Peripatetische Unterrichtsmethode. Band 14 von *Philosophie und Bildung*. Berlin, Mürster u. a.: LIT.

Zimmermann, J. (2000). *Juba. Due Welt der Körperpercussion* (2. Aufl.). Boppard am Rhein: Fidula.

Abschlussarbeiten und Belegarbeiten von ehemaligen Studierenden an der Sportwissenschaftlichen Fakultät der Universitäten Leipzig, besonders von Sebastian Härtwig, Kathrin Riedel, Stefan Weißleder, Jana Mende

Weitere Internetadressen:

Mango Song. Zugriff am 5. April 2020 unter https://www.youtube.com/watch?v=vA6t60zd3is
Cup Song. Zugriff am 5. April 2020 unter https://www.youtube.com/watch?v=09Y5QrB2Vwl
Intervall-Eselsbrücken. Zugriff am 5. April 2020 unter https://www.musiker-board.de/
　threads/sammelthread-fuer-intervall-eselsbruecken.325181/
Zuckowski, R. Die Jahresuhr. Zugriff am 5. April 2020 unter
　https://www.youtube.com/watch?v=WJ0uJo5kJ04
Line Dance. Zugriff am 5. April 2020 unter https://www.youtube.com/watch?v=er74MAAO5oE
Tänze aus aller Welt. Zugriff am 8.August 2020 unter https://de.wikipedia.org/wiki/Liste_von_Tänzen;
　https://de.wikipedia.org/wiki/Volkstanz

http://www.bewegte-schule-und-kita.de
http://www.academia-verlag.de
www.nomos-shop.de

Weitere Literatur zum Projekt „Bewegte Schule" (in Sachsen)

Müller, Chr. & Petzold, R. (2014). *Bewegte Schule* (2. neu bearbeitete Aufl.). St. Augustin: Academia.
Es werden grundsätzliche Positionen, eine Vielzahl von Beispielen sowie Hinweise zur methodisch-organisatorischen Gestaltung vorgestellt – über das bewegte Lernen hinaus für weitere Bereiche einer bewegten Schule, wie Auflockerungsminuten, Entspannungsphasen, individuelle Bewegungszeiten, bewegungsorientierte Projekte, bewegte Pausen, bewegtes Schulleben. Ergänzt werden die Ausführungen zum Konzept der bewegten Schule durch die Ergebnisse einer Längsschnittstudie zu den Wirkungen.

Müller, Chr. et al. (2004, 2005, 2013, 2014, 2015, 2016, 2018, 2020). *Bewegtes Lernen in den Klassen 5 bis 10/12. Fächer: Fremdsprachen, Biologie, Geschichte, Gemeinschaftskunde/Recht/Wirtschaft, Deutsch, Evangelische Religion, Mathematik, Kunst, Musik, Physik, Geografie, Ethik, Chemie.* St. Augustin: Academia.

Müller, Chr. & Dinter, A. (2020). *Bewegte Schule für alle* (2. neu bearb. und erweit. Aufl.). St. Augustin: Academia.
Modifizierungen eines Konzeptes der bewegten Schulen für die Förderschwerpunkte Lernen, geistige Entwicklung, körperliche und motorische Entwicklung, emotionale und soziale Entwicklung sowie Sprache und Hören. St. Augustin: Academia.

Müller, Chr. (2010). *Bewegte Grundschule. Aspekte einer Didaktik der Bewegungserziehung als umfassende Aufgabe der Grundschule* (3. neu bearbeitete Aufl.). St. Augustin: Academia.

Müller, Chr. (Hrsg.). (2006). *Bewegtes Lernen in den Klassen I bis IV. Didaktisch-methodisches Anregungen für die Fächer Mathematik, Deutsch und Sachunterricht* (3. erweiterte und überarbeitete Aufl.). St. Augustin: Academia.

Müller, Chr. et al. (2003, 2009, 2014). *Bewegtes Lernen Klassen 1 bis 4 in den Fächern: Ethik, Englisch Anfangsunterricht, Kunst, Musik.* St. Augustin: Academia.

1 Musik machen

Klasse: 5-10/12

Thema: Singen/Warm-Up

1.1 Lockerung

Ort: Unterrichtsraum
Material: –

Beschreibung: Die Schüler stehen mit Blickrichtung zur Lehrkraft. Körperübungen werden von der Lehrkraft kurz vorgestellt und direkt von der Klasse imitiert.

Varianten:
- Äpfel pflücken: auf Zehenspitzen Arme Strecken (Äpfel pflücken)
- Hampelmann: Jumping-Jacks
- Schneesturm: „Schnee" am ganzen Körper abklopfen
- Halbkreise mit dem Kopf: Mobilisieren der Hals-Nacken-Muskulatur
- Windmühle: Schultern kreisen, Arme kreisen
- Gesicht massieren: sanft Wangen, Schläfen, Halsmuskulatur lockern
- Sandsturm: alle Gliedmaßen ausschütteln

Bewegtes Einsingen

Die Schüler stehen mit Blickrichtung zur Lehrkraft. Bewegte Einsingübungen werden von der Lehrkraft kurz vorgestellt und direkt von der Klasse imitiert.

Beispiele:

Von hoch nach tief:	Prrr... Mittellage nach unten,	Arme von oben nach unten
Grundton-Terz-Quinte:	D-Dur, auf „Du" auf und ab,	Arme stufenweise auf und ab
„Tock, Tock, Tock":	D-Dur, 5 Töne auf und ab,	s. o.
„Der Sonnenschein":	der-So-o-nen-schein (A-D-A-F#-D),	Melodie mit Armen nachgehen
Zwerchfell mobilisieren:	auf P, T, K ausatmen,	Hand auf den Bauch legen
„Ey!":	L: Ey (p) – S: Ey (p);	impulsiv auf eine fiktive Person
	L: Ey! (mf) – S. Ey! (mf) usw.	zeigen

1 Musik machen

Thema: Singen/Warm-Up   Klasse: 5-10/12

1.2 Atmung

Ort: Unterrichtsraum
Material: –

Beschreibung: Die Schüler stehen mit Blickrichtung zur Lehrkraft. Atemübungen werden von dieser kurz vorgestellt und direkt von der Klasse imitiert.

Varianten:
- Bauchatmung spüren: mit einer Hand die Bauchatmung aktiv spüren
- Windrad anpusten: imaginäres Windrad anpusten
- Staub wegpusten: einatmen und auf F-F-F ausatmen (3x)
- Zwerchfell mobilisieren: auf P-T-K ausatmen, Hand auf den Bauch legen
- Zischen: s-s-sss, sch-sch-sch ...
- Kerzen auspusten: sanft, mit leicht geöffnetem Mund pusten

Ergänzung: Üben der Bauchatmung

Bauchatmung im Liegen
(mit Buch, Schaumstoff o. Ä.)

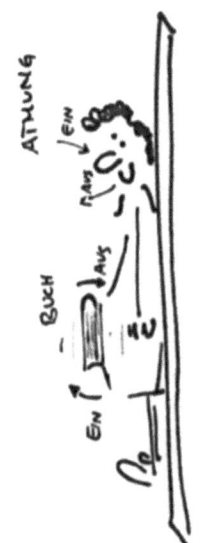

Bauchatmung im Stehen
(Hände auf dem Bauch/Hände im Seitstütz)

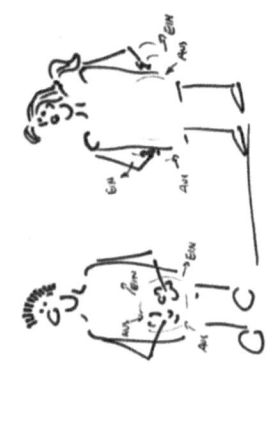

Varianten:
- Einer kann leicht die Hand auf den Bauch des Partners legen und dieser muss gegen diesen Widerstand die Bauchatmung durchführen.
- Im Stehen wird die Flankenatmung probiert. Jeder kann selbst die Hände in seine Flanken stützen.

1 Musik machen

Klasse: 5-10/12

Thema: Singen/Warm-Up

1.3 Ich zähl dich ruhig!

Ort: Unterrichtsraum
Material: Liegematten, Uhr

Beschreibung: Im Hintergrund spielt Entspannungsmusik und es werden Paare gebildet. Ein Schüler liegt bequem auf einer Matte oder einem weichen Boden. Unter flüsternder Anleitung gibt der nicht-liegende Schüler seinem Partner Atemanweisungen. Die Übung verläuft von der flachen in die tiefe Bauchatmung. Im Anschluss tauschen sich beide über ihre Wahrnehmungen aus. Im Plenum werden alle Empfindungen der unterschiedlichen Atmung zusammengetragen, analysiert und alltagsrelevante Schlüsse gezogen. Anatomische Vorgänge sollten kurz von der Lehrkraft vorgestellt werden. Jede Übung dauert eine Minute und wird vom nicht-liegenden Schüler angeleitet.

Bewegen im Atemrhythmus:

Beim Ausatmen:

- Kopf senken
- Arme seitlich herunterführen, dabei auf den ganzen Fuß gehen
- einen Arm nach oben strecken, den anderen nach unten (Handflächen abwinkeln)
- Arme an die Seite sinken lassen
- s. o. mit drei Schritten verbinden
- im Vierfüßlerstand Rücken strecken (Müller & Petzold, 2014, S. 141)

Beim Einatmen:

- Kopf heben
- Arme seitlich nach oben führen, dabei auf die Zehenspitzen gehen
- Arme auf den Brustkorb legen
- Arme schwingen nach oben, dabei Körper strecken (s. Bild)
- Arme wie ein V über den Kopf strecken
- s. o. mit Schritten
- einen „Katzenbuckel" machen

1 Musik machen

Klasse: 5-6

Thema: Singen

1.4 Lieder singen und gestalten

Ort: Unterrichtsraum
Material: Tonträger, Internetquelle

Beschreibung: Unter Einbezug von anregenden Gesten und Körperbewegungen werden Lieder einstudiert und musiziert. Gemeinsam werden neue Bewegungen gestaltet. Die Lehrkraft kann passende Bewegungen anbieten und/oder den kreativen Prozess der Schüler begleiten. Hinweis:
Verwendung geeigneter Medien für eine optimale akustische und visuelle Darstellung

Varianten:
- Bewegungskanons (s. auch 1.7, 3.4)
- aktuelle Lieder der Rock- und Popmusik mit einbeziehen
- in kleineren Gruppen selbst entwickelte Choreografien vortragen
- später einstudierte Lieder nur durch Bewegungen erraten
- Liedern mit deutlich unterschiedlichen musikalischen Teilen Bewegungen zuordnen lassen (somit ist die Musik Auslöser der Bewegung)

Academia

Bewegtes Lernen: Musik

Lieder gestalten

Beispiele:
- Mein Hut, der hat drei Ecken
- Das rote Pferd
- If you happy and you know it!
- Macarena
- Las Ketchup Song

Varianten:
- aktuelle Rock- und Popmusik (z. B. Eurovision Song Contest)
- Choreografien auf youTube.com (anschauen, besprechen, erlernen)
- selbst entwickelte Choreografien vortragen

1 Musik machen

Klasse: 5-10

Thema: Singen

1.5 Lieder über die Natur

Ort: Unterrichtsraum, Schulgelände
Material: Liederbücher, Internet

Beschreibung: Die Schüler gehen aufmerksam über das Schulgelände. Sie sollen sich alle Blumen, Bäume, Tiere, merken, die sie sehen. Anschließend suchen sie aus mehreren vorhandenen Liederbüchern oder dem Internet Lieder heraus, in denen die entdeckte Flora oder Fauna vorkommt. Im Plenum kann die Klasse entscheiden, welche Lieder im Anschluss musikalisch umgesetzt werden sollen (Band, als szenische Darstellung, klassisch Einstudieren mithilfe geeigneter Medien, Karaoke, a cappella)

Varianten:
- an der Tafel eine Sammlung zur gefundenen Flora oder Fauna anlegen
- alternativ Lieder zu (versteckten) Gegenständen im Unterrichtsraum suchen
- an Liedern zur Natur bzw. Stadt aus der Grundschule anknüpfen (s. Rückseite)
- Die höheren Klassen können in Gruppen über die Liedinhalte und den Zusammenhang mit der Entstehungszeit diskutieren.

Bewegtes Lernen: Musik

Anknüpfen an Liedbeispielen aus der Grundschule (Müller & Mende, 2009, Beispiel 1.10)

Anknüpfend an:

Spaziergang in der Natur:
- „Tiritomba"
- „Die kleinen Weidenkätzchen"
- „Eh noch der Lenz beginnt"
- „Alles muss klein beginnen"
- „Hörst du die Regenwürmer husten?"
- „Dieser Kuckuck, der mich neckt"
- „Im Frühtau zu Berge"
- „Alle Vögel sind schon da"
- „Ich geh´ durch einen grasgrünen Wald"
- „Jetzt fängt das schöne Frühjahr an"
- „Stand ein Birkenbaum"
- „Komm lieber Mai und mache"
- „Der Igel"
- „Ihr Blätter, wollt ihr tanzen?"

Stadtrundgang:
- „Wer hat einen Plan?"
- „Sinfonie der Straße"
- „Kennt ihr schon Avignon?"
- „Wir fahren mit dem Omnibus"
- „Rotes Licht und grün"
- „Mein Weg zur Schule ist nicht schwer"
- „Komm, wir fahren in die Stadt"
- „Zebrastreifen"
- „Eisenbahn, Eisenbahn"

1 Musik machen

Klasse: 5-10

Thema: Singen

1.6 Mango Mango Loop

Ort: Unterrichtsraum
Material: Musikanlage

Beschreibung: Der Lehrer studiert die einzelnen Motive mit der Klasse ein und teilt im Anschluss kleine „Obstgruppen" ein. Die Schüler singen ihre „Obstmotive" als Loop (als Schleife). Es entsteht ein vielschichtig gesungener „Obstsalat" aus übereinander gesungenen Motiven. Reihenfolge: Mango, Ananas und Banane, Kiwi, Kirsch u. a. möglich (Videobeispiele s. Quelle). Dazu schwingen oder schnipsen die Schüler (im Kreis stehend) von links nach rechts.

Varianten:
- Obstgruppen können „an- und abgeschaltet" werden
- neuen Kanon transkribieren (Lehrkraft), neue Melodie finden
- neue Themen einbeziehen: Gemüse, Straßenverkehr, Kaufhalle, Wald, Schule, Sport
(Quelle: Videobeispiele unter www.youtube.com - Mango Song)

Academia   Bewegtes Lernen: Musik

1 Musik machen

Klasse: 5-8

Thema: Singen

1.7 Kanon in Bewegung

Ort: Unterrichtsraum
Material: –

Beschreibung: Alle Schüler üben zusammen einen Kanon. Im Anschluss daran werden die Schüler in Stimmgruppen eingeteilt. Zuerst stehen alle Sänger in ihren Gruppen auf die Zimmerecken verteilt und singen den Kanon einmal unisono durch, um anschließend im Kanonprinzip nacheinander einzustimmen. Danach gehen immer zwei Sänger einer Stimmgruppe zusammen durch den Raum und singen. Wenn das funktioniert, bewegt sich jeder Schüler allein singend durch den Raum und versucht, sich nicht von seinen Mitschülern abbringen zu lassen, bis der Lehrer das Zeichen zum gemeinsamen Schluss gibt.

Varianten: Beispiele für Kanons:

„He, ho! Spann den Wagen an!"; „Shalom chaverim"; „Rock my soul"; „Kraut und Rüben"; „I like the flowers"; „Kookaburra sits in the old gum tree"; „Bruder Jakob"

Bewegtes Lernen: Musik

1 Musik machen

Klasse: 5-10

Thema: Singen

1.8 Wollknäuel

Ort: Unterrichtsraum
Material: Wollknäuel

Beschreibung: Das Knäuel wird vom Lehrer in die Klasse geworfen, wobei er den Anfang in der Hand behält. Dazu stellt er seine Lieblingsband bzw. seinen Lieblingsinterpreten vor. Der Schüler, der das Knäuel fängt, setzt fort - behält aber den Faden in der Hand. So entsteht ein Netz aus persönlichen Musikgeschmäckern.

Varianten:
- Lieblingsmusik (Genre)
- Lieblingslied
- besuchtes Konzert
- berühmte Komponisten
- Prinzip: „Ich packe meinen Koffer" - Wiederholung des Vorherigen
- Knäuel rückwärts zuspielen - „entknäulen"

1 Musik machen   Klasse: 5-7

Thema: Singen

1.9 Walk My Song

Ort: Unterrichtsraum
Material: Smartphone, MP3-Player, Kopfhörer

Beschreibung: Die Schüler schieben ihre Tische an die Raumseiten. Auf der linken Seite liegen pro Schüler je ein MP3-Player (ggf. eigene Smartphones), auf der rechten Seite pro Schüler je ein Stift und Papier. Ein thematisch ausgewählter Musiktitel kann auf der linken Raumseite mit Kopfhörern gehört werden. Auf der rechten Raumseite soll der Songtext aufgeschrieben werden. Die Schüler entscheiden selbst, wie viel Text sie sich für einen „Walk" merken können. Materialien bleiben immer am Platz der jeweiligen Seite.

Varianten:
- Anwendung für alle Themenbereiche, Volkslieder, Musikgenres, Charts
- Schwierigkeitssteigerung: Englische Texte, schneller Rap, schwer verständlicher Reggae u. a. m. (Musikquellen: Streamingdienste, YouTube, MP3-Dateien)

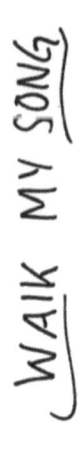

1 Musik machen

Klasse: 5-10/12

Thema: Singen

1.10 Singhaltungen

Ort: Unterrichtsraum, Sporthalle
Material: -

Beschreibung: Die Klasse wählt ein Lied aus ihrem Repertoire. Die Art und Weise, wie man ein Lied singen kann, wird nun genauer betrachtet. Das Stück wird anfangs in gewohnter Art gesungen. Anschließend werden während des Singens verschiedenste Körperhaltungen eingenommen. Wie lässt es sich am besten singen?
Fokus: Körperbau, Atmung, optimale Singhaltungen (Körper, Brust, Kopf, Stand etc.)
Wie verändert sich der Klang in unterschiedlichen Körperlagen?
Welche „Haltung" (Emotionen) habe ich zu dem Lied, welches ich singen möchte?

Variante: unterschiedliche Sitzhaltungen beim Zuhören bewusst anwenden (s. Rückseite)

Academia

Bewegtes Lernen: Musik

1 Musik machen

Klasse: 5-7

Thema: Musizieren

1.11 Pezziball Orchester

Ort: Unterrichtsraum, Sporthalle
Material: je Schüler ein Pezziball und zwei Sticks/Schlägel/Klanghölzer

Beschreibung: Der Lehrer gibt einen Rhythmus vor, welcher von den Schülern anschließend nachgespielt werden soll. Dabei schlagen sie je nach Vorgabe mit dem rechten und linken Stick auf den Ball, so dass ein Ton erklingt. Nach diesen Übungen spielen alle gemeinsam als Orchester einen aufgeschriebenen Rhythmus. Die oberen Noten sind von der rechten Hand, die unteren Noten von der linken Hand zu spielen.

Varianten:
- Falls nicht genügend Pezzibälle vorhanden sind, lässt sich diese Übung auch mit den Händen auf dem Tisch ausführen.
- Als Vorübung könnten sich zwei Schüler jeweils eine Notenfolge/einen Rhythmus gegenseitig vorspielen, der Partner spielt ihn nach.
- Als Erweiterung kann eine passende Melodie abgespielt werden. Somit kommt es zur musikalischen Untermalung der Orchesterleistung. (Klötzer, 2016)

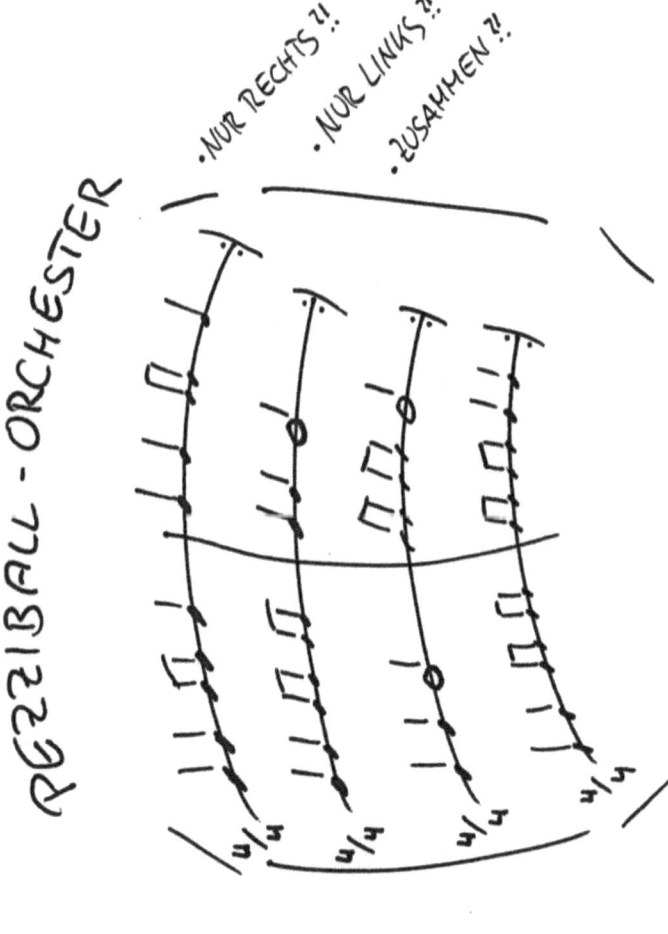

1 Musik machen

Klasse: 5-10/12

Thema: Musizieren

1.12 Body Percussion

Ort: Unterrichtsraum
Material: -

Beschreibung: Jeder Schüler benutzt seinen Körper als Drumset. Ein Schlag auf den Brustkorb stellt den Schlag der Bass-Drum dar. Klatschen ist der Schlag der Snare-Drum. Durch Fingerschnipsen wird der Rhythmus abgerundet (somit könnten zwischenzeitliche Schläge der Hi-Hat dargestellt werden). Mit dieser Grundausrichtung sollen die Schüler nun selbstständig verschiedene, vorgespielte Melodien (oder Drummless Tracks) begleiten. Die Übung findet im Stehen oder in der Bewegung statt.

Varianten:
- Zwei Schüler können eine Art „Rhythmusduett" spielen, in welchem sie sich aufeinander abstimmen, nachspielen oder ergänzen.
- Um anfängliche Konzentrationsprobleme zu vermeiden, können vor der Zusammenführung der drei Handlungen die einzelnen Bewegungen Stück für Stück erarbeitet werden. (Klötzer, 2016)

Academia   Bewegtes Lernen: Musik

Klatschen (Müller & Petzold, 2014, S. 112-113, nach Zimmermann, 2000, S. 38)
Es gibt beim Klatschen drei gut erkennbare Klänge:

- Das *Flachhand-Klatschen*, bei dem die Finger einer Hand geschlossen sind und diese genau auf die andere Handfläche schlägt. Es entsteht ein sehr kräftiger, klarer Klang (gesprochen: TAK → T).
- Das *Hohlraum-Klatschen*, bei dem beide Handteller beim Klatschen einen Hohlraum bilden und somit ein dumpfer Ton entsteht (DUM → D).
- Das *Rückhand-Klatschen*, bei der die Schlaghand mit dem Handrücken in die andere Hand schlägt. Es entsteht kein Hohlraum und somit ein dünner heller Klang (BIB → B).

So können zum Beispiel folgende einfache Sequenzen entstehen (mehrfach wiederholen):

4/4 | D D T T | D D T T | D T D T | D T D | oder

4/4 | D D B B | D D B B | D D T B | B B T | oder

3/4 | D T T | D T T | D B B | D B B | oder

3/4 | D T B | D T B | D B T | D B T |

Zusätzlich lassen sich mit den Händen weitere Klänge hinzufügen:
- das senkrechte aneinander "Vorbeiwischen" der Handflächen
- das Schnipsen
- die Fingernägel beider Hände aneinander reiben

1 Musik machen

Klasse: 6-10/12

Thema: Musizieren

1.13 Trommler-Trio

Ort: Unterrichtsraum
Material: Möbel, Federtasche

Beschreibung: Nachdem der Lehrer die Schlagzeugnoten verdeutlicht hat, finden sich Dreiergruppen zusammen. Ein Gruppenmitglied stellt die Bass-Drum dar (mit der Hand auf den Stuhl), ein weiteres Mitglied die Snare-Drum (Hand auf den Tisch) und der dritte Schüler die Hi-Hat (Stifte auf Federmappe). Die vorgegebenen Noten und Rhythmen werden nun nachgespielt. Nachdem jedes Gruppenmitglied seinen Teil beherrscht, werden sie zu einem Rhythmus zusammengefügt. Dabei ist es wichtig, dass die Mitglieder aufeinander achten und sich genau abstimmen, damit die Aufgabe korrekt erfüllt werden kann. (Klötzer, 2016)

1 Musik machen

Klasse: 6-10/12

Thema: Musizieren

1.14 Ein neuer Sound

Ort: Unterrichtsraum
Material: Orff Instrumentarium

Beschreibung: Die Schüler vertonen ein Gedicht, dabei sollte vor allem die Klangerzeugung mit Körperinstrumenten zum Einsatz kommen. Fächerübergreifend können Inhalte des Deutschunterrichts weitergeführt werden. Das Orffinstrumentarium kann durch Alltagsgegenstände, mit welchen sich Geräusche erzeugen lassen, selbstständig erweitert werden.

Varianten:
- Einsatz von Body-Percussion, Körpergeräusche (Schnipsen, Summen u. a.)
- Vertonung von Stummfilmen, Balladen, Märchen u. v. m. möglich
- Erstellen eigener Tonaufnahmen/Videoszenen
- Sammeln von Naturgeräuschen mit Diktiergerät

1 Musik machen

Klasse: 6-10/12

Thema: Musizieren

1.15 Ludwig van BEAT_HOVEN

Ort: Unterrichtsraum

Material: Orff-Instrumentarium, Aufnahme Türkischer Marsch von Ludwig van Beethoven, Transkription mit den Zeichen 1.))   2. ww   3. ...

Beschreibung: Zu Beginn erhält jeder Schüler eins von drei Instrumenten des Orff-Instrumentariums. (Vorzugsweise: Gruppe 1: Becken, Triangel, Gruppe 2: Rasseln, Maracas, Gruppe 3: Congas, Djemben). Die Schüler sitzen bzw. stehen im Kreis in verschiedenen Haltungen. Zwischen den drei Instrumentengruppen ist etwas Platz. Parallel zur Aufnahme führen die Gruppen ihre Bewegung mittels des angegebenen Zeichens auf der Transkription durch. Lehrkraft dirigiert am Beamer (Polylux) mit Zeigestab.

Varianten:
- Die Gruppen tauschen ihr Instrument und wechseln dadurch die Haltung.
- Ein Schüler kann das Dirigat übernehmen.
- Welche Instrumente können das Orchester erweitern?

Academia   Bewegtes Lernen: Musik

1 Musik machen

Klasse: 5-10

Thema: Musizieren

1.16 Flaschenpusten

Ort: Unterrichtsraum
Material: leere 0,5 l Glasflaschen zum Üben, 0,5 l Glasflaschen (befüllt), Wasser,

Beschreibung: Die Flaschen werden vor Unterrichtsbeginn entsprechend mit Wasser befüllt, sodass jeder Schüler einen Ton der C-Dur-Tonleiter bekommt. Der Füllstand wird zuvor gekennzeichnet, die Flasche mit Buchstaben beklebt (C, D, E, F, G, A, H, C). Durch Pusten wird die Flasche zum Klingen gebracht. Zu Beginn wird nacheinander im Innenstirnkreis geübt, einen Ton zu erzeugen. Nun stellen sich die Schüler entsprechend der Dur-Tonleiter auf. Unter Anleitung der Lehrkraft werden Töne ausprobiert, vom freien Üben zum gemeinsamen Musizieren (Melodien).

Varianten:
- Schwierigkeit der Klassenstufe anpassen, Moll-Tonarten, #/b-Tonarten (maximal bis drei Vorzeichen ist meist ausreichend)
- Intervalle, Dreiklänge, Akkorde, Zusammenhang zur Klaviatur berücksichtigen
- weitere Varianten s. Rückseite

Academia   Bewegtes Lernen: Musik

Varianten:

- Beispiel ist wegen des hohen Zeitaufwandes besser für Freiarbeit oder Projekte geeignet.
- Musikalisch begleitete, einfache Volkslieder oder Popsongs können den Rahmen für ein kleines Konzert bilden.
- Flaschenpusten eignet sich gut als mehrstündige Unterrichtssequenz. Schüler können zu Hause üben und ihre Erfahrungen sowie entdeckten Techniken berichten.

1 Musik machen

Klasse: 5-10/12

Thema: Musizieren

1.17 Das Zimmer macht Musik

Ort: Unterrichtsraum
Material: Alltagsgegenstände, z. B. Löffel, Töpfe, Tüten, Wäscheklammern u. a.

Beschreibung: Auf mehreren Tischen liegen Alltagsgegenstände verteilt. Zu Beginn untersuchen die Schüler, welche Art von Klängen mit diesen Gegenständen erzeugt werden können. Mithilfe einer vorbereiteten Transkription werden die Gegenstände zu Musikinstrumenten. Die rhythmische Vielfalt der Transkription ist je nach Klassenstufe und Erfahrung angepasst. Auch das Inventar des Klassenraums darf mit einbezogen werden. Jeder Stimme des Sheets sollte von der Lehrkraft kurz vorgespielt und im „Loop" gemeinsam geübt werden. Im Anschluss steigen die Stimmen nacheinander ein.

Transkription-Beispiel: Stimme 1 – ganze Noten; Stimme 2 – halbe Noten
Stimme 3 – Viertelnoten; Stimme 4 – Achtelnoten
Stimme 5 – einfache Verschiebungen oder Pausen etc.

Variante: Das Zimmer baut ein Schlagzeug: Grundlegende Bestandteile eines Schlagzeuges besprechen, dann in Gruppen mit Möbeln, Schulmaterialien u. a. ein Schlagzeug bauen.

Academia   Bewegtes Lernen: Musik

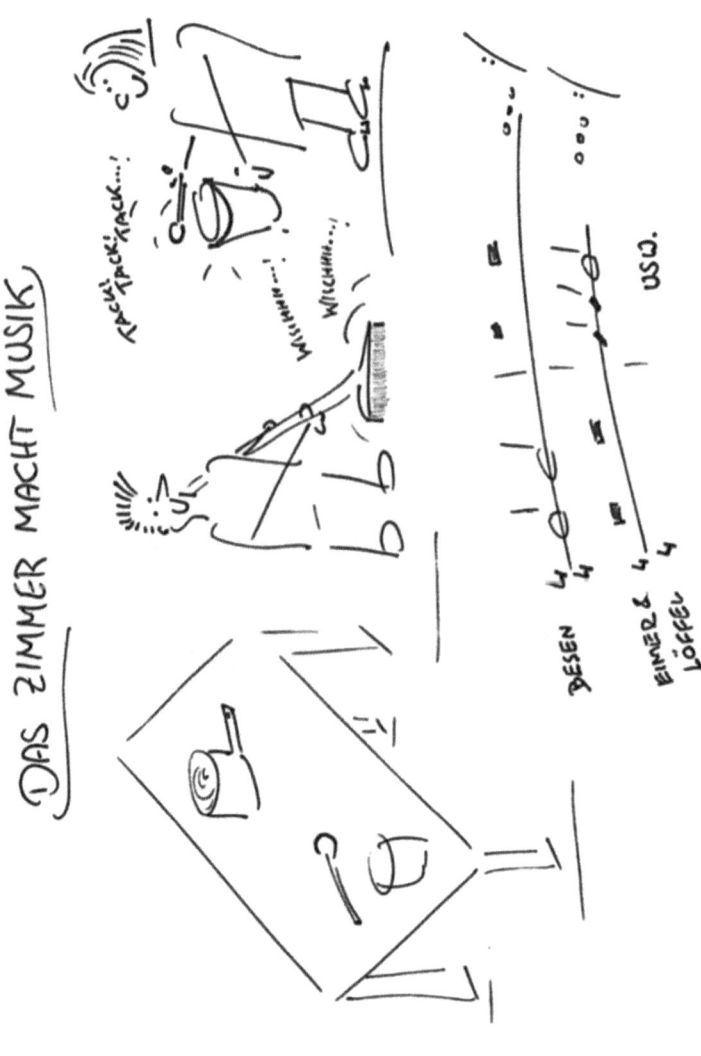

1 Musik machen

Klasse: 5-10

Thema: Musizieren

1.18 Tumm-Tumm-Tschack

Ort: Unterrichtsraum
Material: Djemben, Bongos

Beschreibung: Jeder Schüler erhält eine Djembe oder Bongos. In zwei Reihen oder frei im Raum sitzen sich Schüler als Paar gegenüber. Unter konsequenter Anleitung gibt die Lehrkraft Bewegungsaufgaben. Die Schüler sollen dabei stets miteinander interagieren.
Hinweis: Klares Stoppsignal vereinbaren, z. B. bei „Stopp" – Hände auf die Brust legen

Beispiel: „Tumm-Tumm-Tschack"; Aufgabe: rechte Hand, linke Hand, mit der rechten Hand dem Partner ein „High Five" geben

Varianten:
- Diese Übung kann in ihrem Umfang immer weiter gesteigert werden, z. B.:
  T-T-Tschack   T-T-Tschack   T-T-Tschack-Tschack-Tschack
  R-L-High 5   R-L-High 5   R-L- 3x High 5 beidhändig
- Übung mit geschlossenen Augen ausführen

Bewegtes Lernen: Musik

1 Musik machen

Klasse: 5-10/12

Thema: Erfinden

1.19 Cup Song

Ort: Unterrichtsraum
Material: Becher

Beschreibung: Jeder Schüler steht an seinem Tisch und erhält einen Becher. Nach einer Vorübung (s. Rückseite) wird schrittweise die Bewegungsfolge des Cup Songs eingeübt. Die Gesamtbewegung besteht aus zwei Teilen (zwei 4/4 Takte), welche später zusammengefügt und wiederholt werden.

Varianten:
- Schüler sitzen in einem Tischkreis. Nachdem der Becher am Ende der Bewegung weiter rechts steht, übernimmt der rechte Sitznachbar den Becher. Jeder Becher wandert nach der Gesamtbewegung (Teil 1+Teil 2) genau einen Platz nach rechts.
- Der Cup Song kann von einzelnen Schülern gesungen und instrumentell begleitet werden.
- Videobeispiele unter youtube.com - Cup Song

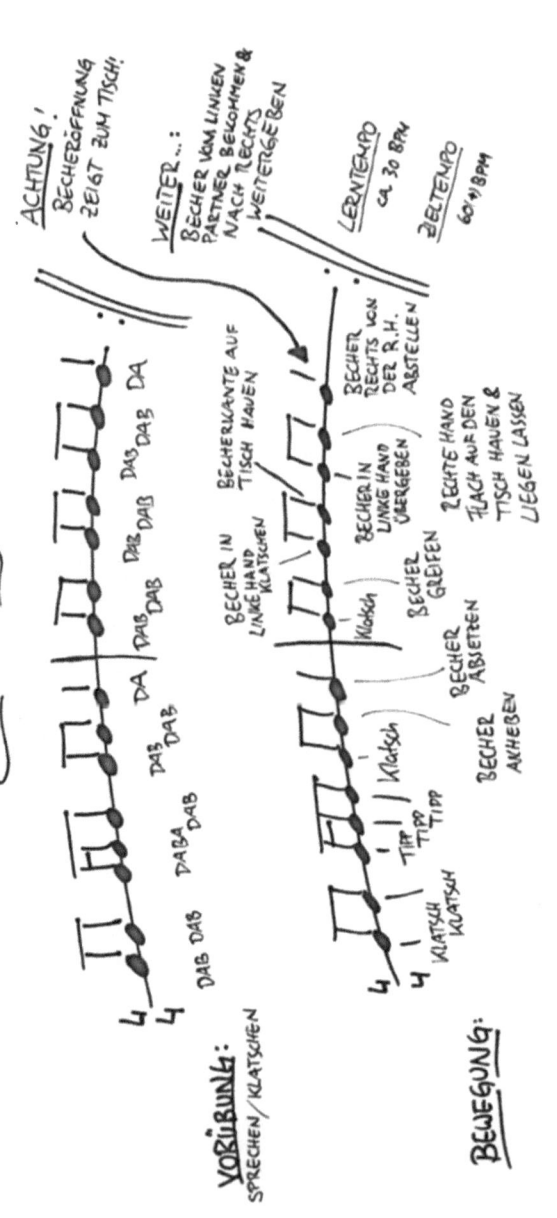

1 Musik machen

Klasse: 7-10/12

Thema: Erfinden

1.20 Rap dir deinen Text!

Ort: Unterrichtsraum
Material: Blatt Papier, Wortpaare

Beschreibung: Die Tische werden auf zwei Seiten des Raumes aufgeteilt. Auf der einen Seite befinden sich Stift und Papier. Hier entstehen die Rap-Texte. Auf der anderen Seite liegen sich reimende Wortpaare auf den Tischen verteilt. Die Schüler merken sich die Wörter und nutzen diese, um die Verse ihres Raps in einem passenden Reimschema zu vollenden. Je mehr Wortpaare vorhanden sind, desto besser.

Varianten:
- Die Wörter der Wortkarten können immer durch eigene Ideen ergänzt werden.
- Schüler üben in Kleingruppen, ihren Rap vorzutragen.
- Exkurs: Beatboxing oder Bodypercussion können elektronische Beats ersetzten.
- Rap-Wettbewerb durchführen
- Tonaufnahme oder Videoaufzeichnung anfertigen

Bewegtes Lernen: Musik

1 Musik machen

Thema: Erfinden

1.21 Like John Cage

Ort: gesamte Schule, Unterrichtsraum
Material: Orff-Instrumentarium, Instrumente, Alltagsgegenstände

Beschreibung: Die Klasse teilt sich in vier kleine Gruppen, die jeweils mithilfe von Orff- und weiteren Instrumenten Klänge und/oder Geräusche erzeugen, sodass ein kurzes Programm zu einem von der Gruppe selbst gewählten Thema entsteht. Um das Klangrepertoire zu bereichern, bekommen die Schüler einen Zeitraum, in dem sie Alltagsgegenstände und Klangquellen (z. B. vom Schulhof) suchen können. Das Programm wird der Klasse im Anschluss vorgetragen.

Varianten:
- Programm zusätzlich pantomimisch begleiten (Klasse errät das Thema der Gruppe)
- mit den vielen Klangquellen ein gemeinsames Klassenprogramm erstellen
- Bodypercussion als weitere Klangbereicherung einbeziehen
- Videoaufzeichnung anfertigen

1 Musik machen

Klasse: 10-12

Thema: Erfinden

1.22 Sample-Story

Ort: Schulgelände, Unterrichtsraum
Material: Smartphones, Tablets, Apps

Beschreibung: Die Schüler nutzen vorhandene Smartphones und/oder Tablets, um mithilfe von Applikationen Geräusche innerhalb des Schulgeländes aufzuzeichnen. Schülergruppen erstellen Geräusch-Geschichten und schreiben ein geheimes Drehbuch. Mithilfe der aufgenommenen Samples wird die Geschichte im Plenum vorgetragen. Die anderen Gruppen erraten das geheime Drehbuch.

Varianten:
- Geräusche werden lediglich mittels Bodypercussion aufgenommen
- Die „Sample-Story" kann durch erstelltes Videomaterial zu einem Geräuschfilm erweitert werden.

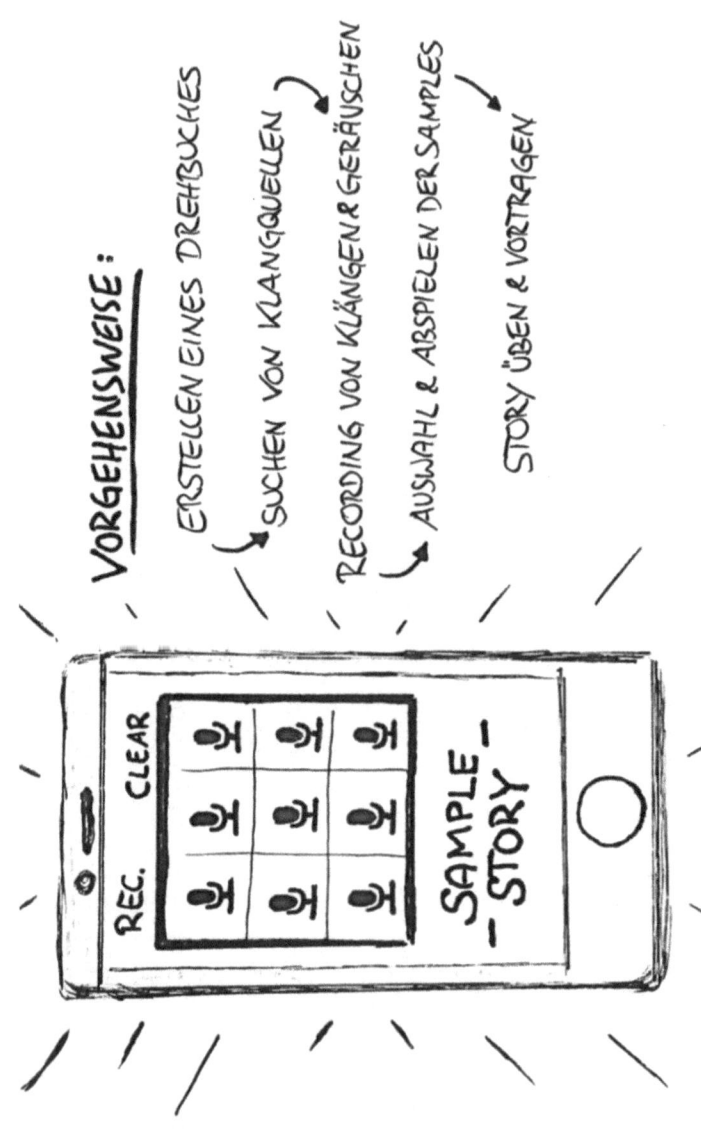

2 Musik hören

Klasse: 5-10

Thema: Erleben und Wahrnehmen

2.1. Muntermacher

Ort: Unterrichtsraum
Material: Klavier

Beschreibung: Die Lehrkraft spielt Sequenzen verschiedener Musikstile auf dem Klavier. Die Schüler sind frei in ihrer Bewegungsgestaltung. Das Empfundene und Wahrgenommene kann intuitiv in Bewegung umgesetzt werden. Die anregende Wirkung von Musik wird gespürt.

Varianten:
- mögliche Genres: Ragtime, Blues, Rock, Romantik, Reggea, Filmmusik, Walzer, Serielle Musik, Minimal u. a.
- am Platz bleiben und beim Bewegen die Augen schließen
- paarweise sich an die Hand nehmen und aufeinander reagieren
- bei Musikstopp die Bewegungen „einfrieren"
- Beispiele als Auflockerungsminuten in anderen Fächern einsetzen

Weitere Spielformen zur Auflockerung (Müller & Petzold, 2014, S. 117)

Ich packe meinen Koffer ...
Ähnlich dem bekannten Spiel stellen sich die Schüler in Kreisform auf. Jeder überlegt sich eine Bewegung für zwei Takte. Die Lehrkraft klatscht im Rhythmus. Ein Schüler beginnt und zeigt seine Bewegung. Über mehrere Takte übernimmt die Gruppe die Bewegung. Die nächste Bewegung wird an die erlernte angefügt. Es entsteht eine spontane Choreografie, die zu rhythmischer Musik getanzt werden kann.

Die Reise nach Jerusalem
In der Mitte des Raumes stehen zwei Reihen Stühle mit Sitzrichtung nach außen. Auch an den Kopf- und Fußseiten steht je ein Stuhl, insgesamt ein Stuhl weniger als es Mitspieler sind. Musik wird abgespielt und die Schüler gehen im Rhythmus um die Stuhlreihen. Bei Musikstopp setzen sie sich schnell auf einen Stuhl.

Sich im Raum bewegen (Walking)
Nach dem Musikrhythmus wird sich in unterschiedlichen Richtungen durch den Raum bewegt. Die Ferse setzt zuerst auf und es wird zum Ballen abgerollt.
Variante: Richtungsänderung (vorwärts, rückwärts, seitwärts) durch jeden Schüler selbstständig entsprechend der räumlichen Möglichkeiten; 4 Schritte vorwärts, dann 4 Schritte rückwärts

V-Muster (V-Step)
Entsprechend der Musik werden die Füße auf 1 und 2 nacheinander schräg nach vorn auf den Boden gesetzt und auf 3 und 4 wieder in die Ausgangsstellung gebracht.

2 Musik hören

Klasse: 5-10

Thema: Erleben und Wahrnehmen

2.2 Rhythmusspiele

Ort: Unterrichtsraum
Material: -

Beschreibung: Die Schüler sitzen im Stuhlkreis und legen ihre Hände auf die Oberschenkel. Im 4/4 Takt klatschen alle gemeinsam zweimal auf die Oberschenkel und Schnipsen zweimal, sodass alle 4 Zählzeiten ausgefüllt sind. Der erste Schüler sagt zwei beliebige Wörter während er schnipst (Zählzeit 3 und 4). Der Schüler rechts von ihm übernimmt während des ersten Schnipsens das zweite Wort und ergänzt auf das zweite Schnipsen ein neues Wort. In dieser Weise wird nacheinander weitergespielt.

Beispiel:

Schüler 1:	Klatsch	Klatsch	„Singen"	„Tanzen"
Schüler 2:	Klatsch	Klatsch	„Tanzen"	„Gitarre"
Schüler 3:	Klatsch	Klatsch	„Gitarre"	„Oper" usw.

Variante: Start: ca. 80-100 Bpm, Metronom kann unterstützen, Tempo steigerbar

Academia

Bewegtes Lernen: Musik

Weitere Rhythmusspiele (Müller & Petzold, 2014, S. 109-111)

Begleite, was du siehst!

Ein Schüler führt eine rhythmische Bewegung aus. Die anderen Schüler versuchen nun, den vorgegebenen Rhythmus der Bewegung zu erkennen und ihn durch Klatschen o. Ä. zu begleiten. Dann ist der nächste Schüler an der Reihe.

Variante: paarweise üben

Mach's mir nach!

Die Schüler stehen sich paarweise gegenüber. Einer von beiden gibt eine rhythmische Bewegung vor, die der Partner so lange imitiert, bis er selbst eine neue Bewegung vormacht, z. B. hüpfen, schwingen.

Knie – Schulter

In einem durch den Spielleiter vorgegebenen Rhythmus wird gleichzeitig mit der linken Hand an das rechte Knie und mit der rechten Hand auf die linke Schulter geklatscht, dann auf beide Oberschenkel und danach mit der rechten Hand aufs linke Knie und mit der linken Hand auf die rechte Schulter, danach wieder auf beide Oberschenkel.

Variante: Bewegungsformen verändern

Die Rhythmusspiele können in Absprache mit den Lehrkräften in anderen Fächern als Auflockerungsminuten eingebracht werden.

2 Musik hören

Klasse: 5-6

Thema: Erleben und wahrnehmen

2.3 Stressabbau

Ort: Unterrichtsraum, Schulhof, Sporthalle
Material: großes Tuch/dünne Plastikfolie, Softball

Beschreibung: Ein Tuch wird von einer Gruppe gemeinsam nach ruhiger Musik bewegt.

Varianten:
- Einzel-, Partner- und Gruppenarbeit
- Entsprechend dem Tempo der Musik soll ein Ball auf dem Tuch gerollt oder hochgeworfen und aufgefangen werden, ohne dass dieser herunterfällt.
- Bei Musikstopp muss der Ball in der Mitte des Tuches ruhig liegen bleiben.
- sich nach Musik einen oder mehrere Luftballon(s) zuspielen
- solistische Bewegungen mit Bändern o. Ä. ausführen
- weitere entspannende Spiele (nach Müller & Petzold, 2014, S. 134-143, s. Rückseite)

Bewegtes Lernen: Musik

Entspannende Spiele (Müller & Petzold, 2014, S. 134-143)

Eine Minute Ruhe
Die Schüler stehen eine Minute mit geschlossenen Augen an ihrem Platz. Wer das Gefühl hat, dass eine Minute um ist, setzt sich hin. Die Lehrkraft/der Spielleiter nennt abschließend die Schüler, die am nächsten an der Zeitspanne dran waren.

Einfrieren
Die Schüler bewegen sich zur Musik frei im Raum. Stoppt diese, dann frieren sie in ihrer momentanen Bewegung ein. Wer schafft dies?

Zeitraffer – Zeitlupe
Einzeln oder zu zweit werden pantomimisch Sportarten oder auch Musiker dargestellt. Doch die „Kamera" ist kaputt. Die Bewegungen verlaufen erst schnell und dann in Zeitlupe.

2 Musik hören

Klasse: 5-6

Thema: Erleben und wahrnehmen

2.4 Meine Entspannungsmusik

Ort: Unterrichtsraum, Aula, Flur, Schulhof
Material: Smartphones/Tablets, Kopfhörer, y-Klinke-Adapter, Internet

Beschreibung: Die Schüler recherchieren mithilfe des Internets und verfügbaren Smartphones oder Tablets nach Entspannungsmusik. Sie stellen für sich Kriterien auf, warum sie ihre ausgewählte Musik/ihren Titel als „entspannend" wahrnehmen. Dafür können sich die Schüler einen geeigneten ruhigen Ort suchen.

Varianten:
- Anschließend können die persönlichen Kriterien sowie die Bedeutung der Entspannung in einem offenen Unterrichtsgespräch zusammengetragen werden.
- Partner stellen sich ihre Musik gegenseitig vor und probieren unterschiedliche Entspannungshaltungen aus (s. Rückseite).
- Thematisch kann eine geführte Entspannungsgeschichte durchgeführt werden.
- Schüler organisieren selbstständig kurze Entspannungsphasen in Absprache mit den Lehrkräften in verschiedenen Unterrichtsfächern.

Academia

Bewegtes Lernen: Musik

FREIE ENTSPANNUNG

Die Schüler suchen sich einen bequemen Platz im Zimmer. Sie können selbst entscheiden, ob sie sitzen, stehen oder liegen möchten. Der Raum wird verdunkelt. Eine Kerze kann für eine gemütliche Atmosphäre sorgen. Die Lehrkraft improvisiert auf einem geeigneten Instrument. Im Anschluss sollte die erlebte Zeit gemeinsam reflektiert werden.

Varianten:
- Besonders gut eignen sich kleine Motive.
- Am E-Piano können Pads und Strings die Atmosphäre bereichern.
- Anregungen für die Improvisation am Klavier/E-Piano:
  Mollparallele – Subdominante – Tonika – Dominante
  Pentatonische Skalen (Klavier, Gitarre, Vibraphon, Xylophon)

2 Musik hören

Klasse: 5-9

2.5 Beat-Ball

Thema: Unterscheiden

Ort: Unterrichtsraum, Schulhof
Material: Softball, Metronom, Bluetooth-Box oder Ghettoblaster

Beschreibung: Die Klasse teilt sich auf zwei leicht versetzten Reihen auf, sodass jeder Schüler ein Gegenüber anschaut. Mithilfe eines analogen oder digitalen Metronoms klatschen die Schüler gemeinsam im Rhythmus. Ein Softball wird im Takt zum leicht schräg gegenüberstehenden Mitschüler geworfen, bis der Ball das Reihenende erreicht. Von dort wird der Ball entgegengesetzt zurückgespielt.

Varianten:
- Die Schüler üben von ganzen Noten - zu halben Noten - zu Viertelnoten.
- Elektronische Musik kann das Metronom ersetzten (60-160 Bpm).
- Der werfende Schüler setzt sich an das Ende der Reihe (die Reihe wandert auf den Schulhof).
- Die Schüler gehen zusätzlich im Takt (leicht stampfend) auf der Stelle.
- Beat-Ball II (s. Rückseite)

Beat-Ball II

Material: Jonglierbälle, Bälle aller Art, Bluetooth-Box oder Ghettoblaster

Die Schüler bewegen sich frei im Raum. Zum Rhythmus der Musik jonglieren sie ihren Ball auf den Takt (von links nach rechts). Besonders gut eignet sich hierbei Elektronische Musik oder Reggae

Varianten:
- Werfen und Fangen auf zwei Zählzeiten – Doubletime: auf eine Zählzeit – Halftime: auf vier Zählzeiten
- Werfen und Fangen nur mit der linken Hand bzw. nur mit der rechten Hand sowie beidhändig – je Seite ein Ball
- Zuwerfen des Balls zum Partner
- Weitergeben des Balls im Kreis
- Steigern der Geschwindigkeit der Musik je nach Genre
- Steigern der Musikgeschwindigkeit je nach Genre
- Werfen und Fangen im Sitzen, im Liegen oder in anderen Körperpositionen

2 Musik hören

Klasse: 5-6

Thema: Unterscheiden

2.6 Hören und Erkennen

Ort: Unterrichtsraum
Material: CD, Internet, Instrumentenkarten

Beschreibung: Der Klasse werden Hörbeispiele vorgespielt. Die Schüler hören mit verbundenen Augen. Zu jedem Hörbeispiel stellt der Lehrer zwei Instrumente vor - zum einen das tatsächliche, zum anderen ein zusätzliches Instrument. Jeder Schüler hat die Aufgabe, das richtige Instrument zu erkennen und es pantomimisch nachzuspielen. Wer hat richtig gehört?

Varianten:
- Die Schüler können für richtige Bewegungen zum erkannten Instrument Punkte erhalten, sodass am Ende einen Sieger gekürt wird.
- Die Hörbeispiele können mehrere Instrumente beinhalten, sodass die Pantomime auf Signal gewechselt werden muss (je einen Punkt für das erkannte Instrument).
- Hörbeispiele können in ihrer Komplexität gesteigert werden.
- Beispiel: „Ich höre ...!" (s. Rückseite)

Academia — Bewegtes Lernen: Musik

Ich höre ...

An den Wänden des Raums hängen unterschiedliche Instrumente bzw. Instrumentenkarten. Die Schüler hören kurze Ausschnitte ausgewählter Lieder, in welchen verschiedene Instrumente vorkommen, und ordnen sich selbstständig einem der wahrgenommenen Instrumente zu.

Je nach Genre sollten unterschiedliche Instrumentenkarten vorbereitet werden, z. B.:

Rock:	E-Gitarre, Bassgitarre, Schlagzeug etc.
Reggae:	Bongos, Congas, Gitarre, Orgel etc.
Hip-Hop:	Mikrofon, Drum-Computer, Synthesizer etc.
Klassik:	Instrumente eines klassischen Orchesters, Klavier etc.
Elektronische Musik:	Computer, Midi-Controller, Synthesizer
Modernistisch:	Orff-Instrumentarium

2 Musik hören
Klasse: 5-6

Thema: Unterscheiden

2.7 Das klingende Zimmer

Ort: Unterrichtsraum
Material: Holzstab o. Ä.

Beschreibung: Die Schüler nehmen in eine angenehme Sitz- evtl. Liegeposition ein. Die Augen werden geschlossen. Mit einem Holzstab (o. Ä.) werden durch den Lehrer Gegenstände im Raum zum Klingen gebracht. Nach vier unterschiedlich wahrgenommenen Klängen öffnen die Schüler ihre Augen und erraten die angespielten Gegenstände.
Beispiele: Tische, Stühle, Papierkorb, Heizung, Fenster, Tafel, Fußboden, Tür u. a.
Gemeinsam werden folgende Fragen geklärt:
Wo kam der Klang her?
Welcher Gegenstand wurde zum Klingen gebracht?
Auf wie viele Klänge kann die Übung gesteigert werden?

Variante: Schüler übernehmen die Leitung der Übung.

2 Musik hören

Klasse: 5-8

Thema: Unterscheiden

2.8 Was ist in der Dose?

Ort: Unterrichtsraum
Material: Dosen (leere Filmdosen) gefüllt mit Reis, Erbsen, Holzstücken, Wasser, ...

Beschreibung: Im Raum sind Dosen, mit unterschiedlichen Inhalten gefüllt, an verschiedenen Plätzen verteilt. Die Schüler sollen jeweils die Dose bewegen und durch Hören erraten, was der Inhalt der Dose sein könnte. Sie schreiben ihre Vermutung auf einen Zettel und wechseln zum nächsten Platz. Nach dem Vergleichen der Doseninhalte überlegen sie, welche Rhythmen man mit diesen Dosen spielen und welches Musikstück entstehen könnte.

Varianten:
- Zu dem rhythmischen Musikstück könnten die Schüler auch einen Text schreiben, um sich damit einen eigenen Song oder ein Theaterstück zu erarbeiten.
- Die Schüler sollten eigene Dosen basteln und füllen, z. B. mit Würfeln, Münzen, Büroklammern, Kieselsteinen, Sand u. a. m.
- Geräusche der Dosen können aufgenommen werden (Field-Recording/Sampling), um diese für die Produktion elektronischer Musik zu verwenden.

Hörmemory

Je zwei Schüler treten als Team gegen ein anderes Team an. Für 4 Schüler wird ein Memoryset benötigt. Jedes Set besteht aus 16 Dosen (8 Zweierpärchen), welche mit kleinen Alltagsgegenständen bestückt sind. Durch Schütteln der Dosen werden unterschiedliche Geräusche erzeugt. Im Sinne des klassischen Memorys finden die Schüler hörend heraus, welches Pärchen zusammenpasst. Absprachen mit dem Teampartner sind wichtig. Das Team, welches die meisten Pärchen erkennt, gewinnt.

Hinweise: Vorbereitete Sets können immer wieder verwendet werden. Jede Dose ist unterhalb mit der richtigen Antwort beschriftet. Sind sich die Schüler sicher, darf kontrolliert werden. Bei falscher Antwort nach Kontrolle erhält das Gegnerteam einen Extrapunkt.

2 Musik hören

Klasse: 5-10

Thema: Unterscheiden

2.9 Mister X

Ort: Aula, Sporthalle
Material: Augenbinden/Tücher

Beschreibung: Ein Schüler wird bestimmt. Er ist „Mister X". Der Rest der Klasse hat die Augen verbunden. Sie sind „blinde Agenten" und verteilen sich im ganzen Raum. Ziel der Agenten ist es, anhand der Schritte zu hören, wo sich Mister X aufhält, um diesen zu fassen. Die Agenten suchen mit ausgestreckten Armen, während Mister X versucht zu fliehen

Ablauf:	Mister X	geht 6 Schritte	Agenten	gehen 2 Schritte
	Mister X	geht 5 Schritte	Agenten	gehen 3 Schritte
	Mister X	geht 4 Schritte	Agenten	gehen 4 Schritte

Abwechselnd werden nur noch 3 Schritte gegangen

Varianten:
- Der Schüler, welcher Mister X ertastet, wird der neue Mister X.
- Mister X kann auf Socken schleichen und Instrumente verwenden.

Bewegtes Lernen: Musik

MISTER X

START:

MISTER X: 6 SCHRITTE
↳ AGENTEN: 2 SCHRITTE
MISTER X: 5 SCHRITTE
↳ AGENTEN: 3 SCHRITTE
MISTER X: 4 SCHRITTE
↳ AGENTEN: 4 SCHRITTE
ABWECHSELND 3 SCHRITTE

2 Musik hören

Klasse: 5-8

Thema: Unterscheiden

2.10 Wo ist die Klangquelle?

Ort: Unterrichtsraum
Material: Orff-Instrumente u. a.

Beschreibung: Vier Teilnehmer bekommen je ein anderes Instrument. Die weiteren Schüler ordnen sich zu vier gleichgroßen Gruppen und schließen die Augen. Die Schüler mit Instrument geben ihrer Gruppe nacheinander eine Klangprobe und suchen sich anschließend einen Platz im Raum. Auf ein Zeichen des Lehrers spielen die vier gleichzeitig ihr Instrument. Die anderen Schüler bewegen sich sehr vorsichtig mit geschlossenen Augen einige wenige Schritte auf das Instrument ihrer Gruppe zu.

Varianten:
- In unteren Klassen weniger oder sehr unterschiedliche, in höheren Klassen zunehmend mehr und klanglich sehr ähnliche Instrumente gleichzeitig erklingen lassen.
- Die Instrumente sollten sich zu Beginn auf einen gemeinsamen Ton einigen.
- Die Töne können in weiteren Runden auch Dissonanzen erzeugen.
- Die Instrumente können sich auf einen gemeinsamen Akkord einigen.

2 Musik hören

Klasse: 5-10

Thema: Unterscheiden

2.11 U-Boot und Riff

Ort: großer Unterrichtsraum, Aula
Material: Tücher, ggf. Orff-Instrumentarium

Beschreibung: Etwa fünf Schüler bekommen die Augen verbunden. Sie sind U-Boote und müssen sich durch eine Reihe von Riffen manövrieren, ohne dabei an eines der Riffe zu stoßen. Der Rest der Klasse bildet Riffe, indem 2er- bis 4er-Gruppen eng aneinander stehen. Die Riffe sind leicht versetzt. Ziel der U-Boote ist es, den „Leuchtturm" auf der anderen Seite des Raumes zu erreichen. Ein Schüler, der den Leuchtturm darstellt, spielt ein gleichmäßiges Geräusch oder einen gleichmäßigen Ton, an dem sich die U-Boote räumlich orientieren können. Kommt ein U-Boot zu nah an ein Riff, erzeugt das Riff ein Warnsignal mit einem hörbaren „Piep-Piep-Piep". In kleinen Schritten manövrieren sich die U-Boote zum Leuchtturm, bis das letzte angekommen ist.

Varianten:
- „*Piep*" wird durch Orff-Instrumentarium ersetzt.
- Am Ende eines Durchgangs werden die Rollen getauscht.

2 Musik hören

Klasse: 5-6

Thema: Unterscheiden

2.12 Geräuschlawine

Ort: Unterrichtsraum
Material: Karten mit zwei unterschiedlichen Farben o. Ä.

Beschreibung: Die Schüler stehen im Innenstirnkreis. Der Lehrer hat Spielkarten vorbereitet. Jede Farbe steht für eine Bewegung, welche mit Bodypercussion umgesetzt werden soll. Ein Schüler beginnt die Bewegung im gewählten Rhythmus. Ähnlich einer Lawine übernehmen die benachbarten Schüler die Bodypercussion, bis alle die Bewegung rhythmisch ausführen. Nach kurzer Zeit erhalten die Schüler eine neue Farbe. Die Bewegung wird ausgetauscht.

Varianten:
- Schüler denken sich eigene Bewegungen aus.
- Die Klanggesten können im Rhythmus zu entsprechender Musik ausgeführt werden.
- Körperpositionen werden gewechselt (Knien, Sitzen, Liegen).
- Übungen können mit verbundenen Augen durchgeführt werden, sodass die Bewegung durch Hören erkannt werden muss.

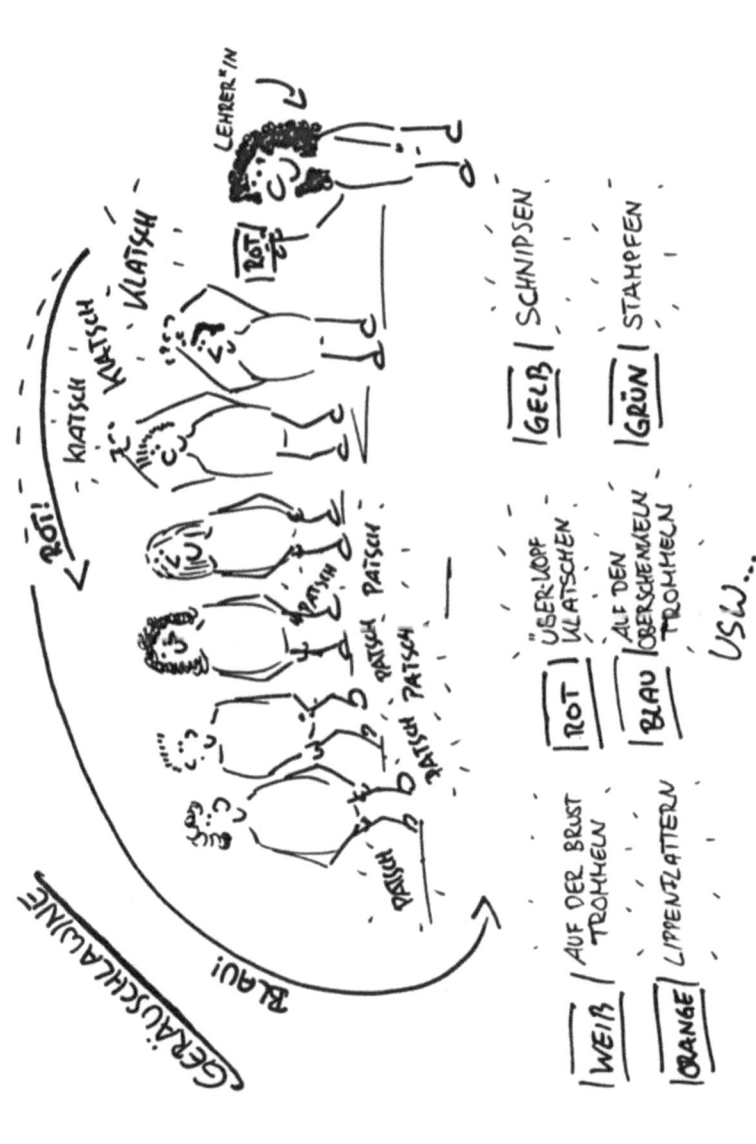

2 Musik hören

Klasse: 6-10

Thema: Unterscheiden

2.13 Moldaupuzzle

Ort: Unterrichtsraum
Material: Puzzle (Vorlage s. Rückseite), Landkarte

Beschreibung: Kleingruppen verwenden die Tonaufnahme der Moldau. Jede Gruppe erarbeitet eine Szene der Moldau und setzt diese zur Musik tänzerisch um. Dafür können die Schüler auf dem Pausenhof oder an geeigneten Orten des Schulgebäudes ihre Szene üben. Die Aufnahmen werden über mobile Musikanlagen oder Smartphones/Tablets abgespielt.

Varianten:
- Die tänzerisch erarbeiteten Szenen werden der Klasse vorgetragen.
- Die Klasse kann einen Ablaufplan der Szenen erstellen, um ein gemeinsames, kurzes Musical aufzuführen.
- Eigene Requisiten sollten das Bühnenbild erweitern.

2 Musik hören

Klasse: 7-8

Thema: Verstehen

2.14 Stufendynamik

Ort: Unterrichtsraum
Material: Klavier, Augenbinden/Tücher

Beschreibung: Der Lehrer spielt auf dem Klavier in unterschiedlichen Lautstärken und die Schüler nehmen vereinbarte Positionen ein. Dabei sind die Augen verbunden, sodass sich die Schüler auf ihre eigenen Wahrnehmungen verlassen müssen. (Beispiele s. Rückseite)

Varianten:
- Schüler können selbst das Klavierspiel übernehmen.
- Die Klasse kann sich eigene Bewegungen für diese Übung ausdenken.
- Legato (gebunden) kann mit fließendem Armkreuzen dargestellt werden.
- Crescendo und Decrescendo können veranschaulicht werden mit einem fließenden Wechsel von hohen und tiefen Körperpositionen.

Academia

Bewegtes Lernen: Musik

2 Musik hören

Klasse: 5-6

Thema: Verstehen

2.15 Rondo

Ort: Unterrichtsraum
Material: -

Beschreibung: Die Schüler sollen bei einem Rondo Couplets und Refrains durch unterschiedliche Bewegungen ausdrücken. Während des Couplets bewegen sich die Schüler allein. Im Übergang zum Refrain suchen sie sich zügig einen Partner. Zusammen führen sie den Partnertanz durch. Schritt für Schritt können neue Bewegungen ausprobiert werden.

Variante: Mit einem Partner können eigene Tanzschritte einstudiert und der Klasse präsentiert werden. Diese Schritte lassen sich aus unterschiedlichen Tanzstilen kombinieren. Kann man auf ein Rondo Hip-Hop tanzen?
Musikbeispiele: F. S. Bach: Rondo aus Violinkonzert E-Dur, BWV 1042
Rock-/Popmusik (Strophe und Refrain)

Bewegtes Lernen: Musik

Im Takt

Der Lehrer spielt zur Einstimmung ein passendes Stück. Die Schüler suchen sich einen Partner und setzen erlernte Schritte am Ort um. Die Tanzpartner können dazu den Rhythmus klatschen.

Varianten:
- in Gruppen arbeiten
- sehr unterschiedliche Stücke einsetzen
- Bewegungen variieren
- in höheren Klassenstufen die Tanzschritte komplexer gestalten

2 Musik hören

Klasse: 5-6

Thema: Verstehen

2.16 Treppenmelodie

Ort: Unterrichtsraum, Schulhof
Material: kurze Motive in einer Notenzeile, 5 schwarze Tücher, 7 weiße Tücher

Beschreibung: Zwölf Stufen einer Treppe werden mit schwarzen und weißen Tüchern zu einer Klaviatur präpariert. Jede Stufe steht für einen Ton der Klaviatur. Kurze Melodien (zwei Takte aus Volksliedern/Ohrwürmern/Werbungen) werden von einer Schülergruppe (maximal sechs Schüler) abgelaufen. Ein Teampartner der Gruppe spielt die Melodie parallel auf einem Xylophon. Zuvor müssen sich die Stufen genau eingeprägt werden.

Varianten:
- Klangbausteine des Xylophons können auf die Treppenstufen verteilt und während der Ausführung angespielt werden.
- Melodien können auf Zeit gegeneinander abgelaufen werden.
- weitere Variante s. Rückseite

Academia   Bewegtes Lernen: Musik

- Zwölf Schüler verteilen sich auf die zwölf Stufen. Sie können sich eine Melodie erarbeiten und einprägen. Schüler, welche laut Melodie den Ton auf dem Klangbaustein spielen muss, führt eine vereinbarte Bewegung aus (Kniebeuge, Sprung u. a.).

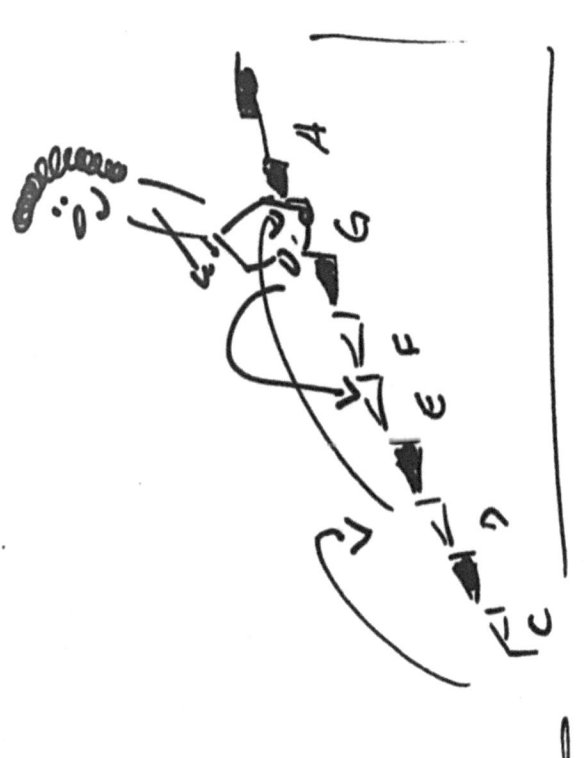

2 Musik hören

Klasse: 5-6

Thema: Verstehen

2.17 In den Notenzeilen

Ort: Unterrichtsraum, Schulhof
Material: Klebeband, Seile

Beschreibung: Mit Seilen oder Klebeband erstellen Kleingruppen Notenzeilen auf dem Boden und skizzieren mit Kreide dazu ein Notenschlüssel (Violinschlüssel/Bassschlüssel). Der Lehrer schlägt auf einem Instrument einen Ton an und benennt diesen. Die Schüler stellen sich auf die richtige Notenlinie bzw. in den entsprechenden Zwischenraum.

Varianten:
- sich auf der Treppe entsprechend der Töne bewegen (s. 2.16)
- auf dem Schulhof mit Kreide eine Oktave einer Klaviertastatur aufmalen und anschließend auf die entsprechenden Tasten treten/springen (Noten/Tonleitern/Akkorde)
- Ein Schüler steht auf einem ihm bekannten Ton. Ein zweiter ihm unbekannter Ton wird gespielt – der Schüler soll das Intervall (Prime, Sekunde, Terz, ...) erkennen, den Ton bestimmen und sich zu dem neuen Ton bewegen. (Kl. 10-12)

Notensprung

Mit Klebeband wird eine große Klaviatur auf dem Boden abgebildet. Die Anleitung dafür hängt an der Wand des Raums. Etwa einen halben Meter vor der Klaviatur liegt ein langes Seil aus, welches als Absprunglinie verwendet wird. Die Schüler stehen in einer Reihe. Die Lehrkraft spielt einen Ton an und benennt ihn laut. Der erste Schüler springt auf die entsprechend schwarze oder weiße Taste.

Tasten-Twister

Ähnlich wie beim bekannten Twister-Spiel stellt der Spielleiter Aufgaben, z. B. nennt er Töne der C-Dur-Tonleiter. Die entsprechenden aufgemalten Tasten werden von einem Schüler zuerst mit den Händen und bei drei und mehr Tasten dann mit den Füßen berührt. (Einsatz z. B. als eine Lernstation)

(Klötzer, 2016, Anhang)

2 Musik hören

Klasse: 8-10/12

Thema: Deuten

2.18 Intervall-Parade

Ort: Unterrichtsraum
Material: Keyboards, Kopfhörer

Beschreibung: Kleinen Schülergruppen werden je ein Intervall (Grundintervalle der weißen Tasten) zugeordnet. Die Gruppen erhalten eine Klaviatur, in welche sie neue Intervalle farblich eintragen können. Aus einer Auswahl von Liedanfängen können sich die Schüler Eselsbrücken generieren (Beispiele s. Rückseite). Die Liedanfänge können mit Hilfe von Kopfhörern auf Keyboards ausprobiert werden.

Varianten:
- auf Dur und Moll oder Septakkorde etc. erweitern
- höhere Klassen können die Intervalle auf „vermindert" und „übermäßig" erweitern
- neu erlernte Intervalle mit Solmisationsbewegungen verbinden
- Intervall-Parade kann gut mit Übungen aus 2.16 und 2.17 kombiniert werden.

Bewegtes Lernen: Musik

Eselsbrücken der Intervalle

	Aufwärts	Abwärts
reine Prim	–	–
Sekunde	„Danke, für diesen guten Morgen"	„Mein kleiner grüner Kaktus"
Große Sekunde	„Kommt ein Vogel geflogen"	„Yesterday"
Kleine Terz	„Alle meine Entchen"	„Hänschen klein"
Große Terz	„Macht hoch die Tür"	„Swing low"
Quart	„Alle Vögel sind schon da"	„Morgen Kinder wird's was ..."
Tritonus	„Amazing Grace", Martinshorn	–*
Reine Quinte	„Maria – aus: West Side Story	„What shall w. d. w. t. d. Sailor"
Kleine Sexte	„Morgen kommt der Weihnachtsmann"	„Love Story"
Große Sexte	„When Israel was in Egypts land"	„Down by the riverside"
Kleine Septime	„My Bonny is over the ocean"	–*
Große Septime	„Somewhere" - aus: West Side Story	–*
Reine Oktave	–*	–*
	„Somewhere over the rainbow"	Legende: * nicht üblich

Quelle: Hellwig, 2019, Anhang nach Zugriff am 5. April 2020 unter https://www.musiker-board.de/threads/sammelthread-fuer-intervall-eselsbruecken.32518˜ /

Academia — Bewegtes Lernen: Musik

2 Musik hören

Klasse: 6-10/12

Thema: Deuten

2.19 Zahlenlauf

Ort: Unterrichtsraum
Material: Zahlen 1 bis 8 (Zeichen „<" und „>")

Beschreibung: Auf dem Fußboden sind die Zahlen 1 (Start) bis 8 mit Abstand ausgelegt. Der Lehrer spielt ein Intervall auf einem Musikinstrument. Die Schüler singen das Intervall nach und bewegen sich zu der entsprechenden Zahl: steigende Terz → 3 Zahlen aufwärts, fallende Quinte → 5 Zahlen abwärts, ...

Varianten:
- Die Übung lässt sich gut mit 2.16 oder 2.18 kombinieren.
- Kleiner Schülergruppen können gegeneinander wetteifern.
- Bei höheren Klassen sollten zusätzlich die Zeichen „<" und „>" zu den Zahlen ausgelegt werden. Bsp.: Für eine kleine Sekunde müsste der Schüler bei „< 2" stehen.
- Statt der Zahlen können auch direkt die Notennamen (zwei Oktaven) verwendet werden.

Academia — Bewegtes Lernen: Musik

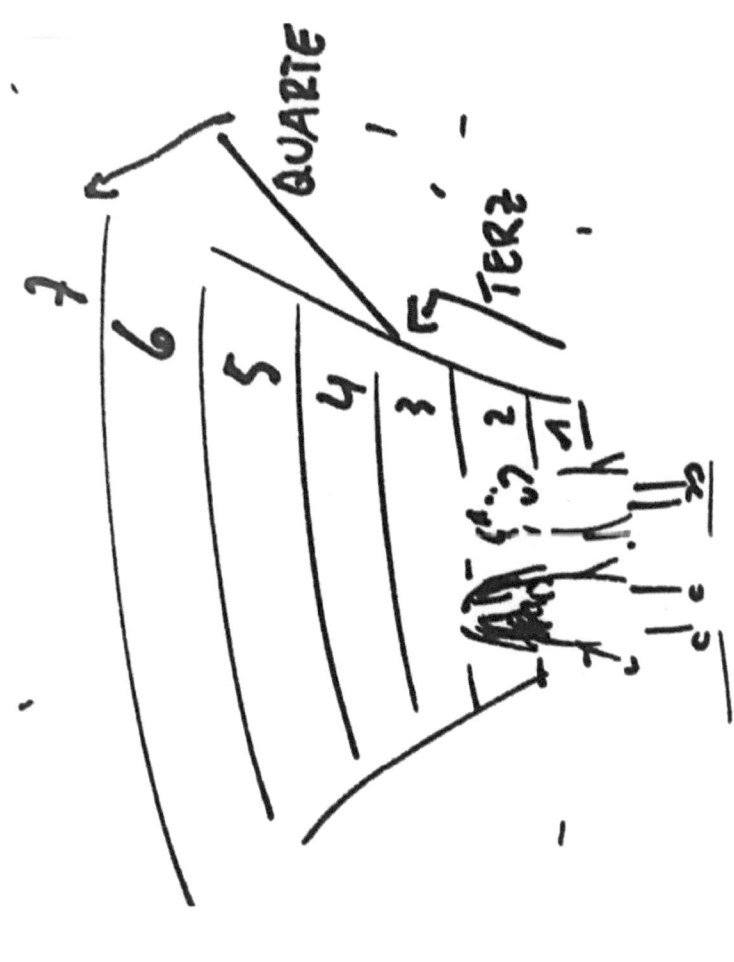

3 Musik umsetzen

Klasse: 5-8

Thema: Gestik, Bewegung und Tanz

3.1 Welcher Musiker?

Ort: Unterrichtsraum
Material: Tücher

Beschreibung: Die Schüler gehen in Dreiergruppen zusammen. Ein Schüler des Trios posiert in Form eines spielenden Musikers. Ein zweiter Schüler hatte sich vor Beginn die Augen verbunden und versucht nun durch vorsichtiges Abtasten die Figur wahrzunehmen und anschließend zu imitieren. Zum Schluss äußert er seine Vermutung, welches Instrument oder welche Art Musiker er selbst jetzt darstellt.
Der dritte Schüler achtet darauf, dass das Abtasten vorsichtig und gut gelingt.

Hinweis: Es ist sinnvoll, die Gruppen nach Geschlecht einzuteilen. Über Grenzzonen des Abtastens sollte zuvor offen kommuniziert werden.

Academia

Bewegtes Lernen: Musik

Der verdeckte Dirigent

Die Schüler stehen im Innenstirnkreis. Ein Schüler (Detektiv) verlässt kurz den Unterrichtsraum, während sich die Klasse auf einen „verdeckten Dirigenten" einigt. Nach seiner Vorgabe stellen alle Schüler gleichzeitig die Spielbewegung eines Instrumentes pantomimisch dar. Der Detektiv kommt zur Gruppe zurück. Er muss den Dirigenten entlarven. Nur der Dirigent darf die Bewegung nach kurzer Zeit verändern. Die Gruppe muss sich möglichst schnell auf die neue Spielbewegung einstellen, um es dem Detektiv nicht zu einfach zu machen.

Die Rollen können nach jedem Durchgang neu verteilt werden.

3 Musik umsetzen

Klasse: 5-10

Thema: Gestik, Bewegung und Tanz

3.2 Einfrieren und Auftauen

Ort: Unterrichtsraum
Material: Musik

Beschreibung: Alle Schüler bewegen sich zu einer geeigneten Musik durch den Raum. Der Spielleiter sagt an, welche Körperteile nacheinander „einfrieren" sollen (z. B. Kopf, Stirn, Mund, Arme, Hüfte, Beine, ...) bis die Schüler wie Eiszapfen im Raum stehen. Anschließend tauen die Körperteile in der gleichen Reihenfolge wieder auf und die Schüler sollen auf ihre „neuen" Bewegungsmöglichkeiten achten.

Variante: Die Schüler bewegen sich wie Babys, Kinder, Jugendliche, Erwachsene und alte Menschen.
Das Beispiel ist eine gute Vorbereitung für die Liedpantomime (s. Rückseite).

Liederpantomime

Material: vorbereitend Karteikarten mit Liedtiteln, die fast allen Schülern bekannt sind, anfertigen und aushängen; Lieder wiederholen

Alle Schüler stehen im Kreis. Ein Schüler tritt einen Schritt vor und stellt den Anfang/die erste Strophe eines Liedes pantomimisch dar. Sobald das Lied durch die Klasse erraten wird, singen es alle gemeinsam komplett durch. Dann präsentiert der nächste Schüler ein weiteres Lied mit Gesten und Körperbewegungen.

Variante: Einsatz bei Klassenfesten, Klassenfahrten u. Ä.

3 Musik umsetzen　　　　　　　　　　　　　　　Klasse: 5-7

Thema: Gestik, Bewegung und Tanz

3.3 Die Jahresuhr

Ort: Unterrichtsraum
Material: -

Beschreibung: Die Schüler sitzen auf ihren Plätzen und hören das Lied „Die Jahresuhr" von Rolf Zuckowski. Sobald der entsprechende Monat innerhalb des Liedes erklingt, stehen alle Schüler auf, die in diesem Monat geboren sind, und winken den anderen zu.

Varianten:
- Geburtstag eines Elternteils, Geschwister, besten Freund, bester Freundin
- Das Lied beginnt immer wieder von vorn, weshalb in jeder Runde die Bewegung gewechselt werden kann. (Strecken, Stampfen, Klatschen, Schnipsen u. a.)
- Reaktionsspiel: Musik stoppt, wer sich dennoch bewegt, da er seinen Monat erwartet, erhält einen Minuspunkt. Schüler müssen sich merken, mit welchem Monat es weiter geht.
- weitere Variante s. Rückseite

Academia　　　　　　　　　　　　　　　　Bewegtes Lernen: Musik

Variante: Die Lehrkraft bestimmt einige Monate, die „sonnig" oder besonders „verregnet" sind. In diesen Monaten machen die Schüler entsprechend Gesten und Körperhaltungen, welche sie mit Sonne und Regen verbinden.

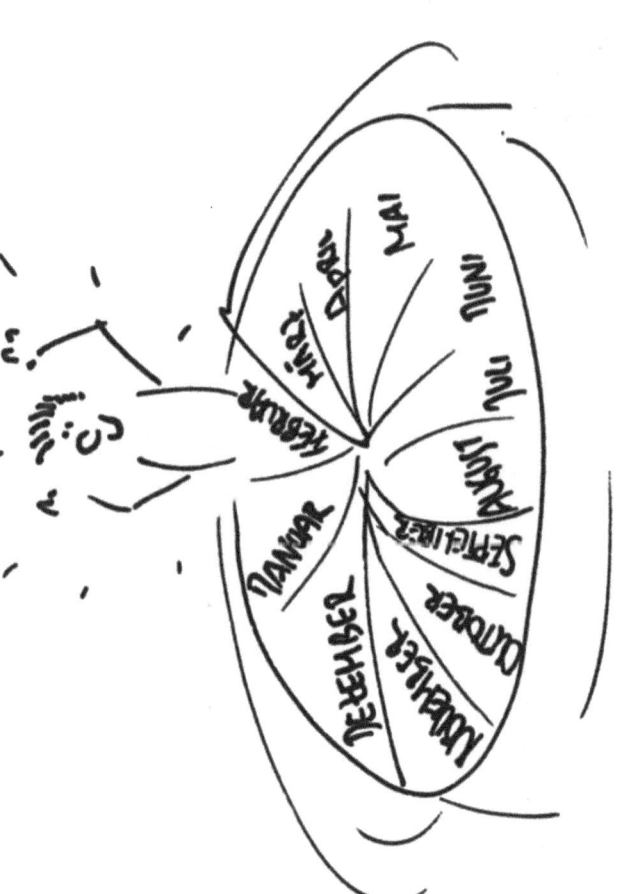

3 Musik umsetzen

Klasse: 5-8

Thema: Gestik, Bewegung und Tanz

3.4 Erkenne die Musik und bewege dich danach!

Ort: Unterrichtsraum
Material: unterschiedliche Musiken

Beschreibung: Nachdem mit den Schülern der Unterschied zwischen mehreren Musikstilen (Rock-, Pop, Tanz- und Entspannungsmusik) erarbeitet wurde, versuchen die Schüler die passenden Bewegungen auszuführen, während der Lehrer die Musik spielt (z. B. Entspannung: langsame Bewegungen durch den Raum; die Atmung sowie den Körper spüren - und wie sich alles entspannt)

Varianten:
- Es besteht die Möglichkeit, Tücher, Luftballons usw. einzubeziehen.
- Zur Unterstützung könnte nach einer ersten Phase des Ausprobierens ein Bewegungspool demonstriert werden, der dann als Anregung zur Verfügung steht.
- Bewegungslieder (s. Rückseite)

Bewegungslieder (Kl. 5-6)

Es werden meist lustige Lieder gesungen, die durch den Text zu teil- oder ganzkörperlichen Bewegungen animieren. Dabei lässt jedes Kind spontan seine individuellen Ideen einfließen oder ein Schüler/die Lehrer macht Bewegungen vor, die dann alle imitieren. Auch kann in Gruppen gemeinsam ein Lied gestaltet werden.

Varianten:
- Lieder aus der Grundschulzeit zusammentragen (s. unten)
- die Bewegungslieder als Auflockerungsminuten in anderen Fächern einsetzen

Liedbeispiele: (Müller & Mende, 2009, Beispiel 1.9)

- „Auf einem Baum ein Kuckuck"
- „Jetzt fahr'n wir übern See"
- „Wenn du singst, sing nicht allein"
- „Die Affen rasen durch den Wald"
- „Wenn ich dir was wünschen dürfte"
- „Eine dicke Regenwolke"
- „Mein Hut, der hat drei Ecken"
- „Wenn du Lust hast, klatsche in die Hand"

- „Das Auto von Lucia"
- „Da hat das rote Pferd sich einfach umgekehrt"
- „Drei Schweine saßen an der Leine"
- „Wenn der frische Herbstwind weht"
- „Ein Männlein steht im Walde"
- „Hallo, good morning"
- „Drei Chinesen ..."
- „Was müssen das für Bäume sein"

3 Musik umsetzen

Klasse: 6-10

Thema: Gestik, Bewegung und Tanz

3.5 Rhythmusdirigenten

Ort: Unterrichtsraum
Material: Schilder mit Zeichen symbolischer Körpergeräusche

Beschreibung: Die Schüler stehen frei im Raum und haben ausreichend Platz, sich zu bewegen. Es ist sinnvoll, in der Stunde zuvor Liedvorschläge der Schüler zu sammeln. Vorbereitete Schilder mit Zeichen symbolisieren Körpergeräusche, die zur Begleitung eines Songs verwendet werden sollen, werden aufgestellt/an der Wand angebracht. Ein Dirigent zeigt auf ein entsprechendes Schild, die Klasse übernimmt das Motiv.

Varianten:
- Körpergeräusche: Klatschen, Stampfen, Schnipsen, Beatboxing u. a.
- durch Rhythmus-Pattern erweitern
- Ein zweiter Dirigent gibt Pausenzeichen und ein neues Pattern an.
- Die Dirigenten können sich selbstständig während des Songs auswechseln.
- Liedbegleitung (s. Rückseite)

Academia

Bewegtes Lernen: Musik

Liedbegleitung

Die Schüler und der Lehrer überlegen gemeinsam, mit welchen Rhythmusmotiven man ein Lied begleiten könnte. Für jedes Rhythmusmotiv wird eine Klanggeste (klatschen, stampfen, patschen, schnalzen, ...) vereinbart. Beim anschließenden Singen wird das Lied mit Klanggesten begleitet.

Varianten:
- Gruppenarbeit: Jede Gruppe führt ein Rhythmusmotiv mit einer Klanggeste aus, welche danach beim gemeinsamen Singen verwirklicht wird.
- Liedbegleitung durch Rhythmusinstrumente, teilweise Melodieinstrumente

3 Musik umsetzen

Klasse: 7-10/12

Thema: Gestik, Bewegung und Tanz

3.6 Headphone Party

Ort: Unterrichtsraum
Material: Kopfhörer, Smartphone, Internet, Songtitel gruppierter Genres

Beschreibung: Die Klasse sitzt im Außenstirnkreis auf dem Boden. Jeder Schüler zieht einen Zettel, auf welchem einer von vier Titeln und dessen Interpreten, notiert sind. Jeder Titel ist einem von vier Genres zugeordnet. (z. B. Hip-Hop, Metal, Volksmusik, Techno)
Jeder Schüler streamt seinen gezogenen Song und setzt die Kopfhörer auf. Bei einem Signal drücken alle auf „Play", die Headphone Party beginnt. Ziel ist es, mittels tänzerischer Bewegungen oder Choreografien so zu kommunizieren, dass sich die vier verschiedenen Musikstile als Gruppe wiederfinden. Der Song darf zu Ende getanzt werden.

Varianten:
- andere Genres mit einbeziehen
- Anzahl der tanzenden Gruppen erweitern
- Streaming-Dienste nutzen: Spotify, Apple Music, YouTube.com

Academia   Bewegtes Lernen: Musik

3 Musik umsetzen

Klasse: 7-10/12

Thema: Gestik, Bewegung und Tanz

3.7 Ab in die Disco!

Ort: Unterrichtsraum
Material: Titelliste, Musikanlage, Lichtanlage

Beschreibung: Die Schüler bekommen in zwei Gruppen die Möglichkeit, ihre eigene Musik- und Lichtanlage aufzubauen und zu verkabeln. Zur jeweiligen Anlage ist ein laminierter Bauplan an den Wänden angebracht. Im Anschluss können beide Anlagen in Betrieb genommen werden. Die Lehrkraft fungiert als DJ und orientiert sich an den Wunschtiteln der Schüler. Der Raum sollte für ein „Disco-Feeling" abgedunkelt werden.

Hinweis: Die Lehrkraft begleitet den Aufbauprozess und sollte sich mit dem Material sehr gut auskennen sowie Sicherheitshinweise geben.

Varianten: s. Rückseite

Academia

Bewegtes Lernen: Musik

Anregungen für die Klassenstufen 10-12:

- Umsetzen erlernter Tanzschritte (Discofox, Cha-Cha, Salsa, Blues etc.)
- Führen offener Gespräche über Erleben, Erfahrungen, Verhalten und Regeln in Diskotheken
- Programmieren einer DAW-gesteuerten Lichtanlage mit Software und Apps.
- Einführung in intuitive Sequenzer Programme und Apps, selbst Musik auflegen
- Kombinieren mit 3.8

3 Musik umsetzen

Klasse: 7-10/12

Thema: Gestik, Bewegung und Tanz

3.8 Discofox

Ort: Unterrichtsraum
Material: Musik im 4/4 Takt, Popmusik, aktuelle Charts

Beschreibung: Jungen und Mädchen stehen sich in einer weiten Gassenaufstellung gegenüber. Nach Demonstration durch die Lehrkraft tanzen sie einzeln ihre Schritte (auf den Beat):

Damenschritte	Herrenschritte
Schritt re. rw., Schritt li. rw., Tap re.	Schritt li. vw., Schritt re. vw., Tap li.
Schritt re. vw., Schritt li. vw., Tap re.	Schritt li. rw., Schritt re. rw., Tap li.

Die Lehrkraft zählt mit kräftiger Stimme: 1, 2, Tapp, 1, 2, Tapp *(loop)*

Varianten:
- s. Rückseite

Bewegtes Lernen: Musik

Varianten:
- den Abstand in der Gasse verringern
- Tanzhaltung einnehmen
- Talentierte Schüler können den Schritt des anderen Geschlechts übernehmen, sodass jeder einen Tanzpartner hat.
- Bei niedrigeren Klassen können sich die Schüler an Stäben oder Büchern festhalten, um zu Beginn eine gewisse Distanz zu bewahren (schrittweise dann auflösen).
- mit Drehungen und Tanzfiguren erweitern (Damensolo, Reigen, Körbchen, Wickelfigur, Schiebetür u. a.)
- „Discofox" mit dem Beispiel 3.7 „Ab in die Disco" verbinden

3 Musik umsetzen

Klasse: 5-10

Thema: Gestik, Bewegung und Tanz

3.9 Line Dance

Ort: Unterrichtsraum, Aula, Schulhof
Material: Musikanlage, Bluetooth Box, Ghettoblaster, Tonträger/Internet

Beschreibung: Die Schüler lernen die Schrittfolge des „Cupid Shuffle" anhand des Songs, der stets im Hintergrund läuft.

„to the right" → 4 Schritte nach rechts
„to the left" → 4 Schritte nach links
„now kick" → Kick re. – li. –re. – li.
„walking by yourself" → Viertel Drehung nach re., dabei 8 Tipps auf der Stelle

Nach vier Durchläufen (4 x 8 Takten) befindet sich jeder Schüler in seiner Ausgangsposition.

Varianten:
- Anwendung/Auftritte in Schülerdiskos, zu Schulfesten, zu Veranstaltungen in der Öffentlichkeit (Dorffest, Tanzfest, Sportfest im Verein u. a.)
- Weitere Ideen für Line-Dance im 4/4 Takt auf www.youtube.com

Academia   Bewegtes Lernen: Musik

3 Musik umsetzen

Klasse: 5-8

Thema: Gestik, Bewegung und Tanz

3.10 So tanzt man in ...

Ort: Unterrichtsraum
Material: –

Beschreibung: Im Zusammenhang mit aktuellen Ereignissen der Schüler (z. B. Klassenfahrten) oder im internationalen Sport, wie Olympische Spiele, Fußball-Weltmeisterschaften u. a., werden zutreffende Lieder und Tänze aus entsprechenden Regionen und Kulturen ausgewählt. Eine Orientierung können die Anregungen auf der Rückseite geben. Die Stücke werden angespielt und die Schüler bewegen sich passend zur Musik. Wer findet die typischsten Bewegungen? Diese werden von anderen nachgestaltet. Anschließend werden die „echten" Tanzbewegungen erlernt und geübt.

Varianten:
- mit Bewegungsbausteinen arbeiten
- Präsentation bei geeigneten Anlässen, wie einem Schulfest, einem „Olympischen Tag" o. Ä. (evtl. als Projekt)
- Verbindung mit anderen Fächern (Sport, Geografie, Geschichte, Ethik u. a.) suchen

Academia   Bewegtes Lernen: Musik

Anregungen für Tänze aus aller Welt:

Volkstänze Deutschlands:
- *Bayern:* Schuhplattler, Ländler, Dreher
- *Sachsen:* Reifentanz, sorbische Volkstänze (Sorbischer Hochzeitstanz u. a.)

Europäische Tänze:
- *Tschechien:* Polka
- *Polen:* Mazurka, Polonaise
- *Griechenland:* Sirtaki
- *Spanien:* Flamenco, Bolero
- *Irland:* Irish Dance
- *Finnland:* Letkiss

Tänze aus aller Welt:
- *Argentinien:* Tango Argentino
- *Brasilien:* Samba, Bosa Nova
- *Kuba:* Cha-Cha-Cha, Mambo, Salsa
- *USA:* Jive, Line Dance, Square Dance, Blues Swing, Braekdance

(Quelle: https://de.wikipedia.org/wiki/Liste_von_Tänzen; https://de.wikipedia.org/wiki/Volkstanz)

3 Musik umsetzen

Klasse: 8-10/12

Thema: Gestik, Bewegung und Tanz

3.11 Choreografie-Baukasten

Ort: Unterrichtsraum, Schulhof, Aula, Sporthalle
Material: Datenträger, Musikanlage, Bluetooth-Boxen, Ghettoblaster

Beschreibung: In Gruppen mit maximal vier Schülern wird eine Tanzchoreografie entwickelt. Eine einminütige Musiksequenz soll mit Elementen aus Gymnastik und Tanz umgesetzt werden. Die Bausteine der Choreografie können von den Schülern selbst recherchiert werden. (s. Varianten)
Hinweis: Für die Entwicklung der Choreografien sollte ausreichend Ruhe und Platz vorhanden sein. Die Lehrkraft hat eine beratende Funktion und gibt Hilfestellung und Anregungen.

Varianten: s. Rückseite

Varianten:
- Elemente der Choreografie können zufällig aus einem Baukasten gezogen werden. Diese Elemente sind mit einer Taktanzahl versehen, können sich aber an anderen Stellen wiederholen. (Bsp.: 2 Takte Side-Steps, 4 Takte Kreuzschritt, 2 Sprünge etc.)
- Abschlussbild – Pyramide
- fachübergreifend mit dem Sportunterricht verbinden, auch Choreografien für Cheerleading oder (Gruppen-)Übungen mit Handgeräten bzw. an Geräten erarbeiten
- Präsentation zum Sportfest, Schulfest u. a.

3 Musik umsetzen   Klasse: 5-6

Thema: Szenische Darstellung

3.12 Playback Show

Ort: Unterrichtsraum
Material: Internet, Whiteboard, Musikanlage, Beamer

Beschreibung: Die Schüler finden sich in Gruppen und imitieren eine Bühnenperformance bekannter Stars. Musik, Tanz und Bewegungen müssen aufeinander abgestimmt sein. Requisiten können erweitern das Bühnenbild. Die beste Performance wird von der Klasse bestimmt. Kleingruppen können die Auftritte per Video festhalten und analysieren.

Varianten:
- Der Musiker oder die vorgetragene Band soll durch die Klasse erraten werden.
- Show ohne Gesang – nur die Lippen sollen deutlich sichtbar bewegt werden.
- Karaoke-Singen
- MIDI-Files aus dem Internet laden → dazu singen und tanzen

3 Musik umsetzen

Klasse: 5-10/12

Thema: Szenische Darstellung

3.13 Gestalten einer Szene

Ort: großer Unterrichtsraum, weitere getrennte Räumlichkeiten
Material: Digitale Medien

Beschreibung: Für die Gestaltung eines Werbespots entscheiden sich die Schüler für ein originelles Produkt, welches sie bewerben wollen. Werbeslogan, Musik und die Darstellung der Szene werden aufeinander abgestimmt und der Klasse präsentiert. Es empfiehlt sich der kreative Einbezug digitaler Medien.

Varianten:
- Die Darbietungen anderer Gruppen wird nach Beurteilungskriterien eingeschätzt.
- Die Gestaltung von Szenen (aus Musical, Filmmusiken u. a.) ist auch im Rahmen eines Projekts möglich, dazu fächerverbindend zusammenarbeiten, z. B. mit Deutsch, Kunst, Sport, Ethik, Geschichte.
- Eine musikalische Szene kann ebenso pantomimisch oder als Schattenspiel bzw. mit (Stock-)Puppen (s. Rückseite) oder als Schwarzlichtmusical (s. Müller & Dinter, 2020, S. 158-159) dargestellt werden.

Stockpuppen

EINFACHE TUCHSTOCKPUPPE

- KOPF (STYROPORKUGEL)
- HALS (PAPPROLLE AM STOCK BEFESTIGT)
- KÖRPER (QUADRATISCHES TUCH ANGEKLEBT)
- HALTESTAB (DRAHT)
- FÜHLUNGSSTAB (HOLZ)

STOCKHANDPUPPE

- RECHTE HAND
- LINKE HAND

3 Musik umsetzen

Klasse: 5-10/12

Thema: Bildliche Darstellung

3.14 Malen zu Musik

Ort: Unterrichtsraum
Material: Papier, Buntstifte, Wachsmalstifte

Beschreibung: Während des Hörens von Musik- und Geräuschbeispielen malen die Schüler ihre Empfindungen und Gefühle auf. Danach werden die Bilder zusammengelegt und verglichen. Im Innenstirnkreis können die Bilder still betrachtet werden. Eine anregende Diskussion und das Feedback über andere Bilder motivieren die Schüler.

Varianten:
- Malen auf dem Boden ermöglicht vielfältige Sitz- und Liegepositionen.
- rhythmische Eigenarten der Musik mitspuren
- unterschiedliche Musiken einsetzen (Entspannungsmusik, Elektronische Musik, Rock/Popmusik u.a.m.)
- Fragen zur Diskussion (s. Rückseite)

Anregende Fragen zur Diskussion und Reflexion:

- Wie wirkte die Musik auf mich?
- Woher kam diese oder jene Anregung?
- Habe ich mit der Musik Erinnerungen verbunden?
- Welche Musik hätte ich lieber zum Malen gehört?

3 Musik umsetzen

Klasse: 7-10/12

Thema: Bildliche Darstellung

3.15 Instrumenten-Baukasten

Ort: Unterrichtsraum
Material: Schlagzeug, Drumsticks, laminierte Stationskarten

Beschreibung: Die Klasse sitzt im Innenstirnkreis. Ein komplett auseinander gebautes Schlagzeug liegt in Einzelteilen in der Mitte des Kreises. Je ein Schülerpaar widmet sich einem „Bauteil" (Bsp.: Paar 1 – Bassdrum; Paar 2 – Basspedal; Paar 3 – Rightbecken usw.). Mithilfe bildlicher Darstellungen (vorbereitete „Bauteil-Karten"), welche an den Wänden verteilt sind, erfahren die Schüler, wie sich ihr Bauteil zusammensetzt. Selbstständig baut die Klasse das Drum-Set Stück für Stück zusammen.

Varianten:
- In einem Video eines live spielenden Drummers können die Bauteile entdeckt werden.
- Über die Funktion und Spielweise erfolgt nach dem Bauen ein Gespräch.
- Pantomimisch kann zum Grundschlag hingeführt werden:
  (Base/HH –HH-HH-HH _ Snare/HH –HH-HH-HH im 4/4 Takt).
- Mithilfe ruhiger Popsongs können sich die Schüler selbst am Drum-Set ausprobieren.

Bewegtes Lernen: Musik

- Die Vorgehensweise des Instrumentenbaukastens kann auf Bass/E-Gitarre, Verstärker, Monitoring, Mikrofonierung einer Bühne, u. a. übertragen werden.
- Anhand einer Abbildung wird ein Schlagzeug mithilfe von Möbeln, der Orff-Instrumente, mithilfe von Büchern oder Schulmaterialien gebaut (Klötzer, 2016).

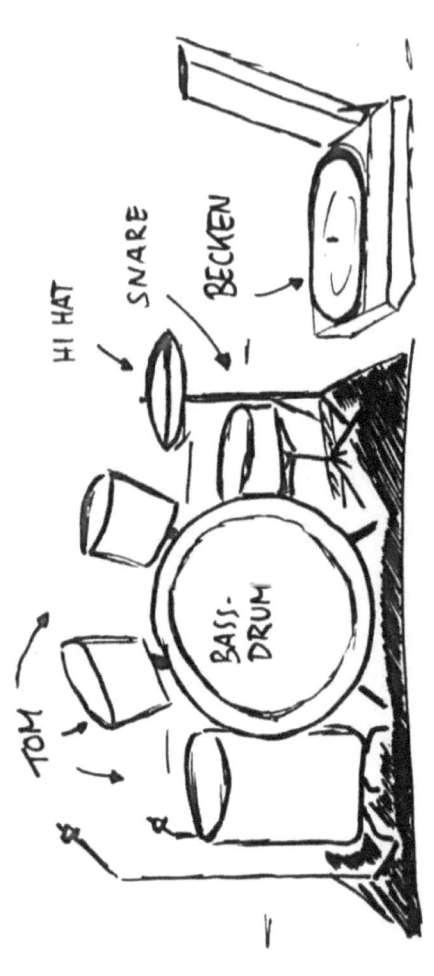

3 Musik umsetzen

Klasse: 5-10/12

Thema: Bildliche Darstellung

3.16 Was das Ding doch alles kann

Ort: Unterrichtsraum
Material: Smartphone, Tablets, Internet, Karteikarten

Beschreibung: Vorbereitete Karteikarten sind an den Wänden des Raums verteilt. Sie stellen die Ziele ausgewählter Musik-Apps vor (s. Rückseite). Die Schüler durchforsten die App-Stores nach passenden Apps und finden bestenfalls weitere Alternativen. In einer Tabelle werden die Ergebnisse festgehalten. Schon zuhause oder in einer folgenden Unterrichtssequenz sollten die Apps getestet werden.

Varianten:
- Schüler präsentieren ihre Favoriten, benennen Ziele und Möglichkeiten und wenden diese „live" an. Im Anschluss an die Präsentationen können weitere Projekte realisiert werden.
- Schüler übernehmen Entspannungsminuten im Unterricht und geben eine technische Einführung in ihre favorisierte Entspannungs-App.

Academia — Bewegtes Lernen: Musik

Beispiele für Karteikarten zu Zielen ausgewählter Musik-Apps zu unterschiedlichen Themen:

Diverse Themen:
Mit dieser App kannst du Geräusche aufnehmen und eine Tongeschichte erstellen.
Mit dieser App kannst du deine Gitarre exakt stimmen.
Mit dieser App lernst du Funktionen eines Mischpults/einer DAW Software kennen.
Diese App hilft dir, deine Lieblingslieder auf dem Klavier zu spielen (u. v. weitere Ziele).

Meditation und Entspannung:
Mit dieser App kommst du gut in den Tag.
Mit dieser App lernst du das Meditieren und dessen Vorteile.
Mit dieser App siehst du, ob du ausreichend und gut schläfst.
Diese App hilft dir, die für dich passende Entspannungsmusik zu finden.

3 Musik umsetzen

Klasse: 8-10/12

Thema: Bildliche Darstellung

3.17 Deutschlandkarte

Ort: Schulhof
Material: langes Seil, laminierte Karten, Kontrollkarte für die Lehrkraft

Beschreibung: In Kreisaufstellung versucht die Klasse mittels eines langen Seils die Umrisse der BRD auf den Boden zu legen. Anschließend stellen die Schüler Kegel auf, um die Landeshauptstädte abzubilden. Auf den laminierten Karten sind bereits berühmte deutsche Musiker und Komponisten abgebildet. Als Team ordnen die Schüler die Persönlichkeiten den Städten zu. Sollte die Zuordnung stagnieren, können dich die Schüler ergänzende Informationen über die Persönlichkeiten an einem weiter entfernten „Jackpoint" holen.
Beispiele: Tote Hosen – Düsseldorf   Peter Fox – Berlin
F. M. Bartholdy – Leipzig   Franz Liszt – Weimar

Varianten: s. Rückseite

Varianten:
- Ergänzung von Flüssen, Bergen, Wäldern mit Ringen, Seilen etc.
- Deutschlandkarte als Kennenlernspiel: Welche ist deine Lieblingsstadt? In welcher Stadt hast du schonmal Freizeit verbracht? In welcher Stadt möchtest du mal Urlaub machen? Warum?

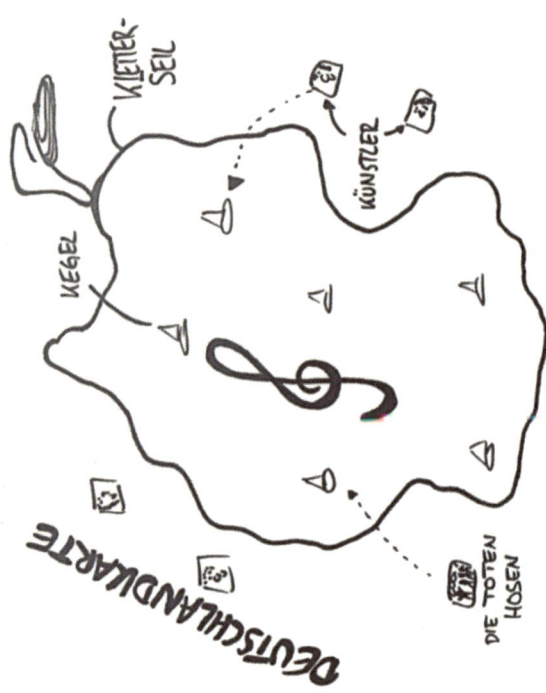

4 Musik reflektieren

Klasse: 5-6

Thema: Musiktheorie

4.1 Instrumentengruppen

Ort: Unterrichtsraum
Material: Karten mit je einem Instrument, Klammern

Beschreibung: Jeder Schüler zieht je eine Karte und heftet sie sich an die Brust. Danach gehen alle durch das Zimmer und sollen sich, ohne miteinander zu sprechen, zu Instrumentengruppen zusammenfinden (z. B. Blasinstrumente, Saiteninstrumente, Schlaginstrumente, Zupfinstrumente).

Varianten:
- Formationen wie Sinfonieorchester, Big-Band, Jazzquartett, Rockband, Streichquartett u. a. bilden
- Karten werden nicht gezeigt, sondern Zusammenfinden durch Imitationen mit dem Mund
- Instrumente pantomimisch wiedergeben

4 Musik reflektieren

Klasse: 5-7

Thema: Musiktheorie

4.2 Notensuche

Ort: Unterrichtsraum
Material: gedruckte Vorlagen von Notenwerten, Pausen und Satzzeichen, Klebeband

Beschreibung: Notenwerte, Pausen und Satzzeichen werden aus den Vorlagen ausgeschnitten und gleichermaßen in zwei Reifen an der Wand ausgelegt. Zwei Schülerteams treten gegeneinander an. Vor den Teams ist jeweils ein Notensystem auf dem Boden abgeklebt. An der Wand hängt eine Melodie, welche im Sinne eines Laufdiktats erneut transkribiert werden muss. Der Reihe nach merken sich die Schüler das Notenbild und legen es auf dem Boden in ihr Notensystem.

Varianten:
- neue Satzzeichen einführen (vom Einfachen zum Schweren)
- Melodien bekannter Poptiteln transkribieren (Bsp.: 99 Luftballons, Country Roads), maximal 8 Takte pro Melodie
- Die Übung kann als Wettkampf stattfinden.

Gedankenblitz

Vorbereitete Spielkarten Stapel 1: Töne von C bis c''' im Notensystem dargestellt
Stapel 2: Wörter mind. 10 Wortthemen

Die Schüler stehen in Gassenaufstellung gegenüber, in der Mitte befindet sich ein Tisch, auf welchem sich die beiden Spielkarten Sets befinden. Eine Notenkarte und eine Wortkarte werden von den beiden Schülern, welche zu Beginn gegeneinander antreten, gleichzeitig aufgedeckt. Ziel ist es, ein neues Wort zu finden, welches zur Wortkarte passt. Es muss mit dem Anfangsbuchstaben der Notenkarte beginnen. Der Schüler mit der ersten Idee eilt zum Klavier, findet die entsprechende Klaviertaste und sagt sein Wort. Beide Schüler stellen sich erneut hinten an.

Beispiel: Notenkarte: *d* Wortkarte: *ein Tier* mögl. Lösung: *DACHS*

Varianten:
- Teams sammeln Punkte
- findet sich keine Lösung – Bewegungsaufgaben ausführen
- Reihen ungerade verteilen, sodass Gegenspieler rotieren
- in den höheren Klassen Notenkarten mit Vorzeichen einsetzen

4 Musik reflektieren

Klasse: 6-9

Thema: Musiktheorie

4.3 Melodie-Baukasten

Ort: Unterrichtsraum
Material: Reifen, laminierte Karten in vielfacher Ausführung, Schnürbänder

Beschreibung: Die Schüler stehen im Kreis, in der Mitte liegen fünf Schnürbänder, welche ein einfaches Notensystem symbolisieren. Im Raum sind Tische/Reifen verteilt. Jeder Reifen vertritt einen Parameter, aus welchen eine Melodiezeile bestückt werden kann. Die Melodien können aus Volksliedern oder aktuellen Charts entnommen werden.
Auf einzelnen, laminierten Karten sind alle nötigen Symbole abgebildet: Tempoangaben, Notenwerte und Töne, Notenschlüssel, Pausen, Spielanweisungen, Taktangaben, Taktstriche, Wiederholungszeichen, Symbole der Dynamik.
Aus diesen Baukästen können die Schüler eine komplette Melodiezeile bauen.

Varianten:
- Gruppenarbeit und freie Wahl der Melodie
- Abschluss: Gemeinsamer Rundgang, evtl. singen/nachspielen der Melodien und ggf. Korrektur von Symbolen

Bewegtes Lernen: Musik

4 Musik reflektieren

Klasse: 8-10/12

Thema: Musiktheorie

4.4 Zerstreute Tonarten

Ort: Unterrichtsraum
Material: Karten/Klebezettel mit Tonarten bzw. mit je einem Vorzeichen (also ein *b* oder ein #)

Beschreibung: Sechs Schüler bekommen einen Zettel mit je einer Tonart (D-Dur, h-moll usw.). Die anderen Schüler tragen die Karten mit den Vorzeichen (also ein *b* oder ein #). Sie suchen sich eine entsprechende Tonart und stellen sich um sie herum, je nachdem wie viele Vorzeichen diese hat. So stehen z. B. zwei Schüler mit je einem #-Zettel bei D-Dur, um den „B-Dur-Schüler" stehen folglich zwei Schüler mit je einem *b*.

Variante: Zur Kontrolle können die Gruppen die ausliegenden Lösungsblätter verwenden (s. Rückseite).

Tonarten

#		♭	
C-Dur / a-moll (keine Vorzeichen)	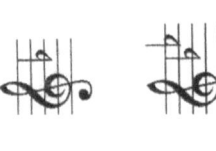	F-Dur / d-moll (ein B: B)	
G-Dur / e-moll (ein Kreuz: Fis)		B-Dur / g-moll (zwei B: B, Es)	
D-Dur / h-moll (zwei Kreuze: Fis, Cis)		Es-Dur / c-moll (drei B : B, Es, As)	
A-Dur / fis-moll (drei Kreuze: Fis, Cis, Gis)		As-Dur / f-moll (vier B: B, Es, As, Des)	
E-Dur / cis-moll (vier Kreuze: Fis, Cis, Gis, Dis)		Des-Dur / b-moll (fünf B: B, Es, As, Des, Ges)	

4 Musik reflektieren

Klasse: 5-10/12

Thema: Musik in Geschichte und Gegenwart

4.5 Richtig oder falsch

Ort: Unterrichtsraum
Material: Text, Markierungen für „richtig", „falsch"

Beschreibung: Alle Schüler stehen in der Mitte des Raumes. Auf dem Fußboden oder an zwei Stühlen sind die Markierungen für „richtig" und „falsch" angebracht. Der Lehrer liest einen Text über ein bestimmtes Thema (Komponist, Musikgeschichte, Gattungen, aktuelle Musikkultur) mit vielen Thesen vor. Die Schüler entscheiden sich für „richtig" oder „falsch", indem sie sich schnell hinter der entsprechenden Markierung in einer Reihe aufstellen.

Varianten:
- Die Schüler bilden Mannschaften. Jedes Mitglied erhält für jede richtige Entscheidung einen Punkt. Die Punkte aller Mannschaftsmitglieder werden addiert.
- Schülergruppen können das Spiel selbst anleiten - als Experten.
- Den Thesen-Text verfassen Schüler im Sinne einer Hausaufgabe, eines Referates oder Projektes. (Beispiele für Thesen s. Rückseite)
- Nach dem Vortrag einer These entscheiden sich die Schüler für Feld 1, 2 oder 3. Auf „Letzte Chance vorbei!" erfahren die Schüler, ob sie richtig stehen.

Academia — Bewegtes Lernen: Musik

richtig	oder	falsch
• Mozart gilt als Wunderknabe am Klavier und der Violine.		• Ludwig Amadeus Mozart wurde am 27.01.1756 in Salzburg geboren.
• Durch sein absolutes Gehör und sein hervorragendes Gedächtnis konnte er im Kopf komponieren und schrieb die „fertigen" Stücke später einfach nur auf.		• Mozart war einer der bedeutendsten Komponisten des Barock.
• Bach gilt als Meister der Fugentechnik.		• Mozart wurde auch durch seine Opernkompositionen berühmt, wie z. B. „Tristan und Isolde" (Wagner), „Fidelio" (Beethoven), „Hoffmanns Erzählungen" (Offenbach).
• Als überzeugter Anhänger der Aufklärung und Humanität seiner Zeit versuchte er, seinen Beitrag in der Musiktheorie, Kompositionslehre oder musikalischen Ästhetik zu leisten.		• Johann Sebastian Bach wurde in Leipzig geboren und ist in Eisenach gestorben.
• Die musikalische Klassik ist ca. zwischen 1750 und 1820 einzuordnen.		• Seine Kompositionen repräsentieren die Bescheidenheit und Einfachheit der barocken Lebenseinstellung.
• In ihr wurde die Sonatenhauptsatzform bis zur Perfektion ausgearbeitet.		• In der Zeit als Markuskantor in Leipzig entstanden Werke, wie das Osteroratorium oder die Matthiaspassion.
• Passion ist die musikalische Gattung, die sich mit der Leidensgeschichte Jesus beschäftigt.		• Vertreter, wie Josef Haydn oder Christoph Willibald Gluck, schufen Opern und Madrigale, die als geistliche Werke gelten
• Das Madrigal stellt das weltliche Gegenstück zur Motette dar.		

4 Musik reflektieren

Klasse: 5-10/12

Thema: Musik in Geschichte und Gegenwart

4.6 Ich merke mir ...

Ort: Unterrichtsraum
Material: Karten mit Komponisten, wichtigen Werken, Wirkungsstätten, Lebensdaten u. a.

Beschreibung: Die Karten sind im Zimmer verteilt. Die Schüler gehen zu einer Karte, prägen sich die Fakten ein und schreiben diese am Platz in eine Übersicht. Anschließend kann mit der Karte verglichen werden.

Varianten:
- Karten mit Überblickswissen zu musikalischen Epochen, mit musikalischen Formen und Gattungen, mit Kompositionsprinzipien u. a.
- mit weiterem Wissen aus der Musiktheorie ergänzen

Academia   Bewegtes Lernen: Musik

4 Musik reflektieren

Klasse: 5-10/12

Thema: Musik in Geschichte und Gegenwart

4.7 Musik erleben

Ort: Musikstätten in der Region
Material: –

Beschreibung: Ausflüge mit der gesamten Klasse zu regionalen Musikveranstaltungen wie Oper, Konzert, musikalische Komödie sowie der Besuch von Museen und Tonstudios etc. gehören zu einer musikalischen Förderung der Schüler. Auch fachübergreifend und fächerverbindend bieten sich sehr viele Möglichkeiten an (Geschichte, Kunst, Deutsch, Geografie, Religion, Ethik u. a.).

Variante: s. Rückseite

Variante: Wandertag/Unterrichtsgang: Einen Weg nachvollziehen, den ein Musiker gegangen ist, oder verschiedene Wirkungsstätten von einem Musiker erwandern.

Beispiele für Sachsen:
Bachs Wirkungsstätten in Leipzig: Wohnhaus, Thomaskirche, Nicolaikirche, Grabstätte, Bachdenkmal u. a.

Stätten, die mit dem Namen **Webers** verbunden sind: Karl-Maria-von-Weber-Museum in Dresden-Hosterwitz, Wolfsschlucht bei Hohenstein, Felsenbühne Rathen mit Aufführung der Oper „Freischütz"

Willhelm **Richard Wagner**: Richard-Wagner-Museum in Tribschen, Wagnerdenkmal im Liebethaler Grund bei Graupa, Kreuzkirche

Eigene Beispiele

Titel

Klasse:

Thema:

Ort:
Material:

Beschreibung:

Varianten:

Academia — Bewegtes Lernen: Musik